SHODENSHA SHINSHO

明智光秀　残虐と謀略

——一級史料で読み解く

橋場日月

JN230660

祥伝社新書

まえがき

歌舞伎《かぶき》では、悪役の隈取《くまどり》の色は青、という決めごとがある。「時今也桔梗旗揚《ときはいまききょうのはたあげ》」は明智光秀が主役の演目だが、そこに登場する光秀はまさに青の隈取。といっても、主君の織田信長からいじめられ続けたあげくの本能寺《ほんのうじ》の変という筋立てのためか、その青色も面積が控えめであるようだ。先行した「絵本太功記《たいこうき》」でも同じで、江戸時代の人が、悪役ながらも同情の余地がある二面性を持つ人物として、光秀を捉《とら》えていたことがビジュアルでわかるのが面白い。

現代でも、光秀のイメージはそこからあまり進歩していないのではないか。大阪府貝塚《かいづか》市の本徳寺《ほんとくじ》に伝わる肖像画の光秀はあくまでも柔和《にゅうわ》で知的。その上品さとは裏腹《うらはら》の、信長を討《う》ったヒールぶり。その二面性が彼の個性として定着しているようだ。

だがしかし。「主君に忠」というのは江戸時代に朱子学《しゅしがく》が武士の学問として定着してから常識として固まったもので、それ以前はもちろん賞揚《しょうよう》される美徳ではあっても、場合によっては主君を見捨てたり、殺したりしても責められない場合もある。

例えば織田信長の場合、尾張時代には主君の守護代織田信友《のぶとも》を叔父の信光《のぶみつ》に殺させたし、さらにその上位の守護斯波義銀《しばよしかね》を追放した。徳川家康はかつての主君今川氏真《いまがわうじざね》を追って遠江国《とおとうみのくに》を手に入れ、同じく豊臣秀頼《ひでより》を攻め滅ぼしてしまった。要は「勝てば官軍」なのだ。それに対して光秀はすぐ羽柴（豊臣）秀吉に敗《やぶ》れて死んだために、秀吉の宣伝戦略によって悪逆非道の象徴のように扱われた。

だが、当時の人は光秀をどう思っていたかといえば、例えば二〇一七年に発表された愛知県豊橋市金西寺《こんさいじ》の「當寺御開山御真筆《とうじおかいざんごしんぴつ》」には「信長の死に人々は拍手した」、「光秀は勇士」という内容の詩文が収められている。この詩文が書かれたのは本能寺の変の翌月。

こういう感想を持つ人間も、確実にいたのだ。

そもそも人間というものは、我々のような凡俗《ぼんぞく》ですら単純な一面、二面だけで成り立っているものではない。優秀な人間、経験豊富な人間になればなるほど、複雑にいくつもの側面を備えているだろう。光秀だっていろいろな側面を持つ、優しい時も怖い時も孤独な時も何かを渇望する時も満足している時も嬉しい時も悲しい時もある人間だったはずだ。

その点、古文書は面白い。特に、一級史料と呼ばれるような当時の人の日記や書状（一次史料）、それに準じるような早い時期の覚え書き・聞き書きなど（准一次史料）では、信長、秀吉、家康いずれの人物も、狡猾《こうかつ》な時も可愛い時もある生身の人間として登場してくる。後世の編纂《へんさん》物で脚色が施《ほどこ》された軍記や家譜などとの違いはそこだ。

昨今は発見された新史料が一般人の我々の目にも触れやすい環境が整っていて、実にありがたい。

本文中でも紹介する『兼見卿記《かねみきょうき》』紙背《しはい》文書には、信長が鷹狩りをして一段とご機嫌だったとか、前関白《さきのかんぱく》の近衛前久《このえさきひさ》は光秀の家臣の屋敷で食事を馳走《ちそう》になるほど気さくな人柄だったらしいこととか、光秀が部下の腫物《はれもの》の心配をしているとか、人間らしい情報をたくさん発見できる。

また、「米田《こめだ》家文書」、「石谷《いしがい》家文書」などは当時彼らが何を考えて動いていたかについて新たな知見をもたらしてくれる宝箱のような存在だ。

今まで知られていた一級史料を丁寧に読み込み、そこに新出の一級史料から新しい情報をパズルのようにはめ込む作業によって、歴史は点から線、線から面へと広がっていく。

今回、明智光秀を主題とした本書を書かせていただくにあたって、私は意識的に従来広く語られているような光秀の前半生の伝承や本能寺の変を起こした動機などは敢えて避け、できるだけ一級史料のみに拠《よ》って彼の人生をプロファイリングしてみた。

主観によってバイアスがかかっている部分もあるかもしれないが、典拠はすべて信頼できるものだから、疑問を持たれた読者の方は、別の見方でこの知的パズルを楽しんでみていただきたい。

平成三十年八月

橋場日月《はしばあきら》

目次――明智光秀 残虐と謀略

二章　ふたりの主君　41

三章　勝ち抜くために何をしたか　71

五章　織田家中《かちゅう》の筆頭格へ伸《の》し上がる　141

七章　野望、潰《つい》える　237

一章　虚像と実像

二つの肖像——桔梗《ききよう》と笹《ささ》

明智光秀。その名前が出たとき、多くの人の脳裡《のうり》に浮かぶのは、おそらく色白で、柔和《にゆうわ》で、繊細そうな、穏《おだ》やかな表情の男の姿だろう。このイメージは、おそらく大阪府岸和田《きしわだ》市にある本徳寺《ほんとくじ》の「明智光秀像」によるところがかなり大きいと思う。

世間一般によく知られた（というより、唯一の）光秀の肖像画として折りあるごとに紹介されるこの絵。筆者も何度か実物を拝見する機会を得たけれど、いかにも美形に描かれている。二重の涼しげな瞳につつましやかでやや微笑みを浮かべているかのような唇、もみあげから二本、三本と後ろへ流れる髪などなど、詩集を抱えていても違和感が無さそうな、いかにも文化人然とした印象を我々に与えてくれる。

特に彼の左手が脇差《わきざし》の下緒《さげお》をまさぐっているところなどはまるで女性が髪の毛先をいじっているかのようで、褪色《たいしよく》によって額《ひたい》の皺《しわ》が目立たなくなっていることも手伝って誰しもが何とも内気で神経質な人物、と無意識に固定観念を持たされてしまうに違いない。

『川角太閤記《かわすみたいこうき》』などは、光秀が主君の織田信長から今でいう〝パワハラ〟を受け、ついに本能寺《ほんのうじ》の変を起こすという経緯を伝えているのだが、それを知った上でこの肖像画を改めて見てみると、この上品な美男子がサディスティックな信長のイジメに耐え続けるという絵面《えづら》が実に自然に胃の腑《ふ》に落ちるではないか。

だが、このステレオタイプ的な光秀のイメージは、本当に正しいのだろうか。

これも光秀ゆかりの京都市右京区京北《うきょうけいほく》・慈眼寺《じげんじ》所蔵の光秀木座像は、光秀の恩に感謝する領民たちが木像を拵《こしら》え、世間の目を憚《はばか》って黒く塗りつぶして守ったという言い伝えを持つ。

こちらの座像は、本徳寺の肖像画と比べると四角い顔に福耳、体格の良さが際立《きわだ》つ。どちらかといえば肥満体型と言えるだろう。何よりも強いインパクトを与えるのが、キリリとあがった眉と鋭い眼光ではないか。肖像画とはまったく異なる光秀、戦国時代に活躍した武将としてのオーラを発しており、まさにパワーに満ちている。立烏帽子《たてえぼし》をかぶり、黒く塗りつぶされた直垂《ひたたれ》の右腕の付け根にうっすらと明智氏の紋である桔梗《ききょう》模様が浮かぶその姿は、まさに「英雄・光秀」そのものだ。

肖像画とは対極にある座像の剛毅《ごうき》さを見ると、「果たしてこのふたつの像は本当に同一人物を写したものなのか？」という疑問が湧《わ》いてくる。

　よく見てみると、本徳寺の肖像画では直垂の下の帷子《かたびら》の柄が笹《ささ》模様――「変《かわ》り陰雪《かげゆき》持《も》ち笹」もしくは「杵築《きつ》き笹」ではないか。当時、直垂姿の肖像画を描くとき、下に着る帷子や小袖《こそで》には家紋をあしらう「紋付《もんつき》帷子」「紋付小袖」が一般的であるから、この場合には桔梗紋か、光秀の替え紋とされる「丸の内に橘《たちばな》」の紋か、そのあたりが紋様として入れられるのが自然であるのに、なぜ笹紋なのだろう？

　この肖像画は、光秀の子という南国梵桂《なんごくぼんけい》が父の敗死後に出家した貝塚《かいづか》の鳥羽庄《とばのしょう》・海雲寺《かいうんじ》に伝わり、慶長《けいちょう》十八年（一六一三）に妙心寺《みょうしんじ》の蘭秀宗薫《らんしゅうそうくん》が賛を書き加えたものだという。その後、海雲寺の後身にあたる本徳寺が守って来たわけだが、賛に書かれた「輝雲道琇禅定門」という戒名の「輝」（光＋軍）と「琇」（王＋秀）にそれぞれ「光」と「秀」が隠されているということで、これが彼の肖像画であるとされてきた。

　だが、梵桂が光秀の子というのは確認できておらず、またこの肖像画の来歴も判明していない以上、頭からこれが光秀の肖像と決めてかからない方が良いのではないか。昔から広く知られてきた武田信玄《たけだしんげん》や源頼朝《みなもとのよりとも》などの肖像画が違う人物のものとされるなど、近年の常識は大きく覆《くつがえ》りつつある。改めて今後の詳細な研究を待ちたい。

というわけで、理知的、女性的、上品、優雅、内気といった光秀のキャラクターも一旦リセットする必要がある。

実際、光秀と直接間接に接触したイエズス会宣教師のルイス・フロイスも、彼について「裏切りや密会を好み、刑を科するに残酷で、独裁的でもあったが、己《おの》れを偽装するのに抜け目がなく、戦争においては謀略を得意とし、忍耐力に富み、計略と策謀の達人であった」と評している（『日本史』）ほどだ。

これなら、知将という点はともかく、慈眼寺の炯々《けいけい》とした眼光を放つ座像の方がより彼の素顔に近いのではないかとも思えてくる。そういう具合だから、話半分としても先入観は捨てて考えた方が良いのだ。

瓦礫沈淪《がれきちんりん》の輩《やから》を召《め》し出され

固定観念や先入観を捨てた方が良いのは、彼のキャラクターについてだけではない。その出自についても同じことが言える。

一般によく語られる彼の前半生は、以下のようなものとなっている。

光秀は清和《せいわ》天皇を祖とする（実際には陽成《ようぜい》天皇という説もある）源氏の一門・土岐《とき》氏から分かれた明智氏の生まれである。現在の岐阜県可児《かに》市明智にある明智城址《じょうし》が生誕地かと言われるが、諸説あって定かではない。

光秀の父親の名は一説に光綱《みつつな》といい、斎藤道三《さいとうどうさん》の正室・小見《おみ》の方《かた》はその姉（または妹）。光綱が早世《そうせい》したあとはその弟の光安《みつやす》（光秀にとっては叔父）が明智家の当主となったが、弘治《こうじ》二年（一五五六）に道三が「長良川《ながらがわ》の戦い」で息子の義龍《よしたつ》に討たれた後、道三派の明智家は義龍に攻め滅ぼされてしまう。光秀は危うく難を逃れたが、故郷を失って牢人《ろうにん》の身となり、越前《えちぜん》に流れて朝倉義景《あさくらよしかげ》に五〇〇貫文の知行《ちぎょう》で仕《つか》えた（食客《しょっかく》だったともいう）。

彼が次に世に出るのは、十二年後の永禄《えいろく》十一年（一五六八）。足利義昭《あしかがよしあき》が織田信長を頼る際、その実現のために奔走《ほんそう》するひとりとしての表舞台への復帰だった――。

おおよそこんな感じだ。これは『明智軍記《あけちぐんき》』という後世の軍記物によるもので、信頼性は非常に低い。ほかに『群書類従《ぐんしょるいじゅう》』所収の「土岐系図」や「系図纂要《さんよう》」明智氏条など、史料によって父の名が違ったり、出身地が違ったりするのだが、いずれも史料としての信用性は低い。決定的な記録が新しく発見されるまで結論を待つしかないという状況が今までずっと続いてきた。

彼の出自や生活環境についてある程度確かなこととして確認できるのは、本人及び同時代の人による断片的な情報だけである。

以下に挙げる①〜⑦は、日記や事務的な記録の類である。いずれも後世の書き換えが一切無いとは言えないにせよ、はなから当事者以外の人が想像や伝聞で書いたものではない。つまり、より事実に近いと推測できる。自筆の手紙であればその信憑性《しんぴょうせい》は一段と高まるだろう。

①「立入《たてり》左京亮《さきょうのすけ》入道《にゅうどう》隆佐記《りゅうさき》」（『続群書類従』）

「美濃《みの》国住人ときの随分衆《ずいぶんしゅう》也《なり》」

②ルイス・フロイス「書簡」（『イエズス会士日本年報』一五八二年追加）、『日本史』

「賤《いや》しき歩卒《ほそつ》であった」

「高貴の出ではなく、信長の治世の初期には、公方《くぼう》様の邸の一貴人《きじん》兵部太輔《ひょうぶのたいふ》と称する人に奉仕していた」

とりあえず分かることは、

①光秀は美濃土岐氏の一族出身で、随分衆、つまり相当な身分の者と周囲に認識されていた。

②では、①とは正反対に低い身分とし、公方様（将軍義昭）の側近の細川《ほそかわ》兵部大輔藤孝《ふじたか》（幽斎《ゆうさい》）の家来だった、とする。

後世の徳川家康伝記『当代記《とうだいき》』に「一僕《いちぼく》の者、朝夕の飲食さへ乏《とぼ》しかりし身」（使用人をひとりしか持たず、その日の食事にも事欠く境遇だった）、同じく『校合雑記《きょうごうざつき》』という逸話集に「光秀は、もとは、細川幽斎の徒之《かちの》もの也。かの家を出て、信長へも徒の者にすみけり」（光秀は元は細川藤孝の家来、しかも馬に乗れる上級士官ではなく、身分の低い徒歩の侍で、信長に転仕したがやはり最初は徒歩の侍だった）とあるのは、このフロイスの証言と同じ情報からのバリエーションだろう。

③「戒和上昔今禄《かいわじょうせきこんろく》」（『松雲公採集遺編類纂　記録八七』）
「我先祖（惟任御事《これとうおんこと》）忠節致せし故《ゆえ》、過分に知所（知行所《ちぎょうしょ》）下されし尊氏《たかうじ》御判《ごはんの》御《お》直書《じきしょ》等所持すれども当知行無し」

④「明智光秀家中軍法《かちゅうぐんぽう》」（尊経閣《そんけいかく》文庫蔵）
「瓦礫沈淪《がれきちんりん》の輩《やから》を召《め》し出だされ、剰《あまつさえ》　莫大《ばくだい》な御人数預け下さる」

③④では、光秀自身が「自分の家は足利尊氏公から過分の領地を拝領したものの、今は無くなってしまった」、「石ころのように落ちぶれ果てていた（瓦礫沈淪）ところを（信長様に）召し出され、そのうえ莫大な兵をお預けいただいた」と証言している。

すなわち、先祖の代にはそれなりの地位と領地を持つ身分だったものが、戦国乱世の中で徐々に身代《しんだい》を失い、光秀の代になると経済的な窮迫状態に追い込まれた時代もあり、それが信長の抜擢《ばってき》によって大きな身代を得た、という流れになる。これなら①と②が相反していることを矛盾なく説明できるだろう。

足利《あしかが》将軍家に仕《つか》え、京に住んでいた

⑤『言継卿記《ときつぐきょうき》』永禄《えいろく》十三年（元亀《げんき》元年）一月二十六日条
「未下刻《ひつじのげこく》より奉公衆《ほうこうしゅう》方、年頭の礼に罷向《まかりむかい》、路次《ろじ》次第、竹内《たけうち》治部少輔《じぶのしょう》（濃州《のうしゅう》へ下向《げこう》云々、）三淵《みつぶち》大和守《やまとのかみ》、同弥四郎《やしろう》、一色《いっしき》式部少輔《しきぶのしょう》、曾我《そが》兵庫頭《ひょうごのかみ》、明智十兵衛《じゅうべえ》（濃州へ下向云々、）摂津守《せっつのかみ》（下京《しもぎょう》）、大和治部少輔（同）、朽木《くつき》刑部《ぎょうぶ》少輔」

⑤からは、明智十兵衛、つまり光秀が足利将軍家に仕える「奉公衆」の一員であり、その住まいも京の市街地のうち上京《かみぎょう》の一角、三淵藤英《ふじひで》や曾我助乗《すけのり》など他の「奉公衆」メンバーの屋敷と近接していたと推測できる。

一世紀近く時代をさかのぼった文明《ぶんめい》十五年（一四八三）十月に上洛《じょうらく》した奥州《おうしゅう》の伊達《だて》

成宗《しげむね》は、足利八代将軍義政《よしまさ》や夫人の日野富子《ひのとみこ》以下室町幕府の要人たちに砂金三八〇両余り、銭五万七〇〇〇疋《ひき》をばらまいて大評判となるのだが、その帰途、山城《やましろ》国の日岡《ひのおか》峯《みね》から京を望んで和歌を詠《よ》む。

「公方嬖人《へいじん》明智入道《にゆうどう》道豊《みちとよ》に使いを還《かえ》らせ寄贈、道豊これに感じ、後に返歌を奥州に送致す」(『伊達正統世次考《せいとうせじこう》』)

〝嬖臣《へいしん》〟はお気に入りの家臣の意味なので、「公方嬖人」とある明智道豊は将軍義政の寵臣。成宗は京を出て峠を越えるとき、道豊宛てに別れの和歌を詠み、それを人に託した。道豊もこれに感動して後日奥州の成宗のもとに返歌を送ったという。

奉公衆制度はさらにこれより前の室町幕府六代将軍足利義教《よしのり》の時代に確立しているが、土岐一族の明智氏は代々奉公衆を輩出する。ここに登場する「道豊」も、そのひとりだろう。伊達成宗と和歌のやりとりをおこなうあたり、いかにも雅《みやび》な教養を備えた京侍《きようざむらい》、という風情ではないか。

奉公衆は将軍直参《じきさん》であり、守護《しゅご》と同格、自立した存在。守護の課役は受けない。国人《こくじん》領主として本拠の土地を所有し、その近隣にある将軍家の御料所《ごりょうしょ》（領地）を管理する。道豊のように京に常駐し、将軍の最も信頼できる側近として活躍する者もいた。

彼らは将軍直属の親衛隊というべき軍事組織を構成し、通常は番を組んで交代で将軍に奉仕する。また有事の際には共同して動くことが多く、将軍から動員命令を発するときにも、ある程度その屋敷は集合している方が連絡が取りやすい。

そして、おそらく光秀もこの道豊同様、京に屋敷を構え将軍に奉仕する武士だっただろう。

「永禄《えいろく》六年諸役人附《しょやくにんつけ》」という室町幕臣団の紳士録とも呼ぶべき史料（『群書類従』）には、足軽衆《あしがるしゅう》のひとりに「明智」という名が載っている。これが光秀のことと比定する説があるが、惜しいことにその部分は永禄六年（一五六三）の義輝《よしてる》（十三代）時代のものではなく、後年の義昭（十五代）時代のものとされている。だが、義輝時代にも光秀が奉公衆として幕臣に列していた可能性は高いのではないだろうか。

ちなみに、この場合の「足軽衆」は下級武士としてのそれではなく、大名に対する旗本の底辺クラスと考えておけば良いだろう。
永禄十一年に信長が上洛戦をおこなって京を支配下においてから一年四カ月。奉公衆の屋敷群にたまたまちょうど良い空き家があり、光秀が新たに奉公衆となってそこに住んだと考えるよりも、それ以前から屋敷を持ち、奉公衆として活動していたとする方が自然だろう。つまり、光秀は信長の上洛以前から足利将軍家の奉公衆（あるいはそれに準じる地位）にあった可能性が高い、ということだ。

⑥「戒和上昔今禄」
「惟任《これとう》妹御《お》ツマ木《き》殿」

⑦『多聞院《たもんいん》日記』天正《てんしょう》九年八月二十一日条
「惟任ノ妹ノ御ツマキ死了《しにおわんぬ》、信長一段ノキヨシ也、向州《こうしゅう》比類《ひるい》無《な》く力落《ちからおとし》也」

さらに⑥⑦では、光秀に「御ツマ木」（御ツマキ）という名の妹がいて、彼女は信長に近しい関係だったらしく、その死によって光秀は大層落胆したことが生々しく語られている。⑦にある「向州」は日向守《ひゅうがのかみ》、つまり光秀を指す。光秀は天正三年（一五七五）から惟任《これとう》日向守の名字を賜っている。

永禄《えいろく》九年、光秀の初出史料

①〜⑦に加え、最近になって決定的な記録というには至らないものの、非常に興味深い史料が研究者の間で注目を集めている。それが、熊本藩次席家老米田《こめだ》家に伝わった「米田家文書」だ。現在は熊本大学付属図書館の所蔵となっている。

熊本藩といえば殿様は細川家。藩祖の細川忠興《ただおき》は明智光秀の娘婿《むすめむこ》で、父親の細川藤孝（幽斎）は若いころ光秀とともに織田信長に仕えて働き、趣味の面でも濃密に交流した間柄だった。

しかも、「米田家文書」のうちの問題となる「針薬方《はりくすりかた》」の作成者米田貞能《さだよし》は、義昭の将軍就任の翌永禄十二年（一五六九）から藤孝の部下となり、義昭追放後そのまま家臣となり、代々の家老職細川家米田氏初代となった。そんな関係で、この史料は非常に信頼性が高いと言える。

ではこの「針薬方」の何が重要なのか。

それは奥書に記された「右一部、明智十兵衛尉《じょう》高嶋《たかしま》田中《たなか》籠城之時口伝《ろうじょうのときのくでん》也」という一文だ。さらに沼田勘解由左衛門《ぬまたかげゆざえもん》という人物が光秀から聞き取った内容を文字に起こして本にしていたものを、永禄九年（一五六六）十月二十日に貞能が近江坂本《さかもと》において筆写した、とも書かれている（村井祐樹「幻の信長上洛作戦」『古文書研究』第78号2014年12月）。

この一文からわかるのは、当時としてはかなり専門的な医術知識を光秀が身につけていたこと。彼はのちに医者の施薬院全宗《せやくいんぜんそう》とも相当親密に交流するのだが、それも医術という共通の話題があったためかもしれない。徳川家康が医術に造詣《ぞうけい》深く、自分で薬の調合をしたのはよく知られているが、光秀もそれに負けず劣らず専門家はだしだったようだ。

そしてなにより重要なのは、「近江高島（嶋）田中に籠城した」という部分で、この話が本当だとすると、のちの光秀の活動履歴のすべてが一本の線で結ばれる。

永禄九年（一五六六）十月二十日以前に光秀は近江国高島郡田中に籠城していた。これが信頼性の高い史料における彼の名前の初出である。これから先に述べる光秀の履歴の調査分析は、この田中籠城から始めていくことにしよう。

田中《たなか》籠城《ろうじょう》は誰が命じたか

田中というのは現在の滋賀県高島市安曇川《あどがわ》町の地名で、比良山《ひらさん》系の泰山寺《たいさんじ》野《の》台地から南東に突き出た丘の先に田中城（上寺《うえでら》城）跡が残る。高島氏や朽木《くつき》氏など「高島七《しち》頭《とう》」と呼ばれた地元の有力国人の一、田中氏の拠点だ。この田中氏から、豊臣秀吉の家臣として活躍し、関ヶ原《せきがはら》の戦いにも参加した田中吉政《よしまさ》が出たという。

田中氏は当時近江の戦国大名、六角義賢《ろっかくよしたか》（承禎《じょうてい》）の支配下にあり、北近江で勢力を伸ばす浅井長政《あざいながまさ》の圧迫を受けていた。ということは、光秀の籠城は浅井氏から田中城を守るためだった、ということになる。

ではなぜ彼が田中城に入ったのだろうか。

それは、足利将軍家の命令によるものと考えられる。田中は、京から琵琶湖西岸の坂本（比叡山《ひえいざん》の東麓《とうろく》）を経て若狭《わかさ》・丹後《たんご》に至る西近江街道と朽木街道（鯖《さば》街道）、東西の陸上流通ルートを扼《やく》する。

しかもこれは詰《つめ》の城だ。詰の城というのは本城の背後にあり、普段は平地の便利な本城で過ごすが敵の侵攻などを受けると高所の詰の城に避難する、というのが戦国時代の常道だった。甲斐《かい》武田氏の躑躅《つつじ》ヶ《が》崎館《さきやかた》が本城、背後の要害山《ようがいやま》城が詰の城、という組み合わせがその代表的なものだ。

田中氏の場合、田中城とセットとなる本拠の南市《みなみいち》城は、田中江とともに安曇川の舟運によって琵琶湖の水上流通ともつながり、水陸の要衝《ようしょう》である。当然、商業活動が盛んとなり、地名の「南市」も市場として栄えた証《あかし》で、近江商人のルーツという五箇《ごか》商人が早くから活動を開始した。

さらに、永禄九年八月末に足利義昭が近江野洲《やす》郡の矢島《やじま》（守山《もりやま》市）から武田義統《よしずみ》を頼って若狭へ避難したことでわかるように、若狭武田氏は足利将軍家にとって重要な後援者であり、そのうえ義統の父信豊《のぶとよ》は六角義賢の妹を正室に迎えて両者は縁戚関係でもある。

この若狭への避難直前、一色藤長《ふじなが》と三淵藤英は田中氏に忠誠を求める書状を送り、その取次は高島氏と思われる「高勘《たかかん》・高新《たかしん》」らがつとめている。

永禄八年時点より以前、田中城とその周辺は、足利将軍家の支持勢力の財政を支え、将軍家と若狭の連絡ルートを確保し、また六角・武田の提携を維持するために、何が何でも守らなければならない政戦略上の重要拠点だったのだ。そのため、将軍家は奉公衆の光秀に対し、田中城防衛に協力するよう命じ、高島郡へ派遣したのだろう。

これには傍証もある。

まず、田中氏が朽木氏と同じ高島氏の一門であったこと。朽木稙綱《たねつな》は十二代将軍義《よし》晴《はる》を朽木谷《くつきだに》に迎えて保護し、十三代義輝の代には御供衆《おともしゆう》に列するなど足利将軍家のために働き、その息子の晴綱《はるつな》は奉公衆に挙げられ、さらにその子の元綱《もとつな》が義輝を朽木谷で匿《かくま》うなど、代々の当主が足利将軍家に忠誠を尽くしている。いわば将軍を支える屋台骨のような存在だった。その朽木氏の縁類である田中氏の危機を、将軍が放置するわけにはいかないのだ。

もうひとつ、「針薬方」を光秀から聞き取った沼田勘解由左衛門という人物の存在も大きい。

沼田勘解由左衛門と言えば、若狭の三方《みかた》郡熊川《くまがわ》城主沼田光兼《みつかね》の四男に、勘解由左衛門清延《きよのぶ》（若い頃は弥太郎と称した。諱《いみな》はのち元清《もときよ》と改名）がいる。彼は父とともに義昭に仕えた。『永禄六年諸役人附』にも、父の沼田弥七郎（光兼）と兄の沼田三郎左衛門尉（光長《みつなが》）が義輝の「外様詰衆《とざまつめしゅう》」として、そして光兼・清延父子がともに義昭の「詰衆番衆」の二番目の組に、それぞれ名が挙がっているほか、公家の中院通勝《なかのいんみちかつ》の日記『継芥記《けいかいき》』にも「若州奉公《じゃくしゅう》（衆）沼田弥太郎」と紹介されている。義輝に殉じて死んだ光長の後釜として、義昭時代には清延が父とともに義昭に仕えているわけで、身分はそれほど高くはないものの将軍家に非常に近い人物だった。

ちなみに、沼田光兼は細川藤孝の妻麝香《じやこう》の父で、清延はのちに義兄弟にあたる藤孝の家臣となり、丹後国の中山《なかやま》城を与えられている。

また熊川城は近江高島郡から若狭国に入る国境に位置しており、将軍家が若狭との連絡路を確保するために関係者を動かしたとすれば、この熊川城の沼田氏は真っ先に駆け付けたはずだ。光秀とともに田中で籠城し、口伝を聞き取ったのはこの沼田清延だったと考えて良いだろう。

そして永禄九年十月二十日に「針薬方」を筆写した米田貞能。その孫長岡《ながおか》（米田）監物是季《けんもつこれすえ》は大坂冬の陣で豊臣方として本町橋《ほんまちばし》の夜討ちに参加するのだが、この是季の母というのが近江の田中坊真賀法印《たなかぼうしんがほういん》の娘（『肥後国誌《ひごこくし》』）であり、近江田中城主比良《ひら》内蔵《くらの》助《すけ》の姉であり、明智光秀の妻の姪《めい》（『綿考輯録《めんこうしゅうろく》』）であったという親戚関係となっている（『大坂の陣　豊臣方人物事典』）。

込み入った情報なので説明を付け加えておこう。比良氏は田中城から十五キロ弱南へ下った大津（旧志賀《しが》町比良）の比良城主ともいい、城跡には「明智一族比良《ひら》太郎兵《たろべ》衛《え》」の石塔が建てられている。田中城の主が比良氏というのは、田中城が比良山系の中にあったために朽木氏も田中氏も比良の地縁血縁集団に含まれていた、という解釈で良いのではないか。

ちなみに、真賀法印の息子のひとりは田中官兵衛《かんべえ》通安《みちやす》と名乗っており、その姉に、光秀の娘で細川忠興に嫁いだ玉《たま》（ガラシャ）に仕え、有名な『霜女覚書《しもじょおぼえがき》』を残した霜女がいる。

明智、田中、比良、米田、沼田、細川と、のちにこれだけ婚姻や主従関係で強固なつながりができあがるのは、この籠城の縁がきっかけとなったためだ。

では、その田中籠城の命令者は義輝だったのか、あるいは義昭だったのか、という問題だが、「明智光秀の居所と行動」（『織豊期主要人物居所集成』所収、早島大祐）は「可能性が高いのは永禄八年五月九日の義輝暗殺直後だろう」とするものの、結論を留保している。

これに対し、筆者は義輝暗殺以前、つまり田中籠城の命令者は義輝だという立場をとる。その根拠は、田中城を攻めたのが誰だったのかを考えると自然に浮かび上がってくる。

越前の朝倉義景、若狭の武田義統の場合は守護として、またそれぞれ父（朝倉孝景《たかかげ》）と叔父（武田信実《のぶざね》）が幕府の御供衆として将軍家に親近しており、田中城を攻める理由が無い。義輝の死後も義昭を支持しているため、田中城を攻める状況ではないのは変わらない。

さらに、それぞれ加賀一向一揆《かがいっこういっき》、造反した粟屋勝久《あわやかつひさ》らを敵に持ち、余裕が無く、その上に将軍家を敵に回すような行動を取るはずも無い。

そう考えると、攻撃者は北近江小谷《おだに》城を本拠とし、六角氏と対立する浅井長政しかいないのだ。永禄二年（一五五九）以来、浅井・六角は刃《やいば》を交《まじ》え続ける間柄だった。

しかし、この浅井長政も永禄八年の十月頃以降、田中城攻撃の可能性は消える。長政が同盟を結んでいた織田信長が、義昭から上洛の協力要請を受け、それに同意を示したのがそのタイミングだったからだ。

同年十二月五日、信長は義昭側の外交担当細川藤孝に宛てた書状の中で、次のように書いている。

「（義昭）御入洛《ごにゆうらく》の儀につきて、重ねて御内書《ごないしよ》を成し下され候《そうろう》」

「度々《たびたび》御請《おう》け申し上げ候如《ごと》く、上意《じようい》次第不日《ふじつ》なりとも御供奉《おんぐぶ》の儀、無二にその覚悟に候。然《しか》らば越前・若狭早速仰《おお》せ出《い》だされ尤《もつと》もに存《ぞん》じ奉《たてまつ》り候」

義昭からの上洛協力要請が「重ねて」、「度々」あったわけだから、この時点で少なくとも二度目、多ければ三、四回とやりとりがあったことになる。だから遅くとも十月頃には通信は始まっていなければおかしいのだ。

これに対し、信長は「命令を受けたその日にでも上洛に供奉する覚悟だ」と意志表明し、越前朝倉義景・若狭武田義統も参加するよう、義昭に工作を求めている。浅井長政が田中城を攻撃するようなことがあれば、信長からの制止が入るはずだ。

何よりも義昭側から長政の動きについて注文を付けられ、この書状の中で信長が制止の実績なり、言い訳なり、いずれにしてもその件に触れずに済ませられる訳がない。

義昭は義輝殺害後、松永久通《まつながひさみち》（久秀《ひさひで》の嫡男《ちゃくなん》）や三好《みよし》三人衆によって奈良興福寺《こうふくじ》一乗院《いちじょういん》に幽閉され、七月二十八日になってようやく脱出に成功して近江甲賀《こうか》郡の和田惟政《わだこれまさ》のもとに逃れて矢島に居を定める。

それまでの二カ月余りは自分の命を守り、脱出することで精一杯で、田中城の心配や光秀に籠城命令を下す余裕などはなかっただろうし、近江への脱出後わずか二カ月の間に田中城が浅井長政の圧力にさらされ、光秀が派遣され、籠城戦がおこなわれ、外交交渉がおこなわれ、講和休戦に至ったと考えるのは物理的に無理があり過ぎる。やはり生前の義輝によって田中城への赴援《ふえん》命令が下されたと見るべきなのだ。

意外と若かった?

田中籠城で歴史に初めてその名を現した光秀。その時期は、義輝生前、永禄八年五月十九日より前のことと考えられる。では、そのとき彼は何歳だったのだろうか。

彼の生年については諸説あるが、現在最も定着しているのは、享禄《きようろく》元年(一五二八)説だろう。だが、これは『明智軍記』に光秀の辞世として、

「順逆《じゆんぎやく》二門《にもん》無し　大道心源《だいどうしんげん》に徹す
五十五年の夢　覚め来たり一元に帰す」

というものが記載されているのを根拠としている。享年が数えで五十五歳なのだか

ら、天正十年（一五八二）から五十四年さかのぼった享禄元年生まれというわけだ。

　これによれば、田中籠城当時光秀は数え三十八歳だった計算になる。この説は『綿《めん》考輯録《こうしゆうろく》』もそのまま採録しているものの、注意しなければならないのは『明智軍記』が十七世紀末～十八世紀初頭、つまり江戸時代中期頃に成立した信頼性の低い軍記物だという点だ。当然、彼の辞世というのもそのまま信用するわけにはいかない。

『続群書類従』所収の「明智系図」や、「明智氏一族宮城家《みやぎけ》相伝系図書《そうでんけいずしよ》」も享禄元年生まれとするが、これも後世の編著物に過ぎず、相互に参照したものかもしれない。

　一方で、彼の生年は永正《えいしよう》十三年（一五一六）だとする説もある。『当代記』に「時（天正十年）に明知（智）歳六十七」と注記があるのがその根拠なのだが、こちらだと田中籠城時の光秀はすでに五十歳の老人だ。いくらなんでも、歳を取り過ぎている気がする。何より、この『当代記』も徳川家康の伝記として十七世紀前半頃に著されたもので、光秀の死後半世紀前後経った時代の成立という代物なので、信頼性は劣る。

　この『当代記』を読んだ『明智軍記』の筆者は、享年六十七歳説が年寄り過ぎると思って、それより干支《えと》でひとまわり下の享年五十五歳と設定したのかもしれない。安直過ぎるかもしれないが、現実は案外そんなものだ。

また、最近では咲村庵《さきむらいおり》氏が『明智光秀の正体』（ブイツーソリューション）のなかで光秀天文《てんぶん》九年（一五四〇）生まれ説を唱えている。これなら田中籠城時の光秀は二十六歳とグッと若く、体力・知識経験ともに無理なさそうだ。

咲村氏は、光秀の正室熙子《ひろこ》の没年が天正《てんしょう》四年（一五七六）であり（『西教寺《さいきょうじ》過去帳』）、その享年が数え三十六〜四十六歳と諸説あること、それに三女の玉の生年が永禄六年（一五六三）であることなど、妻と子女の年齢を参考に、光秀が子《ね》年生まれという伝承も考慮して（『明智軍記』、『当代記』も同様だが）、天文九年生まれと推定している。

実は、筆者も咲村説を優勢と判断しているひとりだ。もっとも、「天文九年生まれ」というのは別として、定説よりも若かったのではないかという点だけなのだが、以下にその理由を述べよう。

ここで判断材料となるのは、前掲「戒和上昔今禄」などで登場した「御ツマ木」なる女性の存在である。彼女が光秀の妹にあたるということはすでに説明したが、この女性について光秀と親交があった公家吉田兼見《よしだかねみ》の日記『兼見卿記』の天正七年（一五七九）四月十八日条にこんな記述がある。

「妻木《つまき》（惟向州妹、）参宮《さんぐう》、神事之義以書状尋来《しよじようにてたずねきたる》、月水《げつすい》之義也」

この「妻木」は、御ツマ木殿と同一人物である。「惟向州」は惟任日向守で、光秀の妹の妻木から書状が届いた、と兼見は言う。

彼女は兼見が神主をつとめる吉田《よしだ》神社（京都市左京区吉田山）に参詣し、神事（祈禱《きとう》など）を依頼したいのだが、日程がちょうど「月水」のタイミングなので、その可否を問うてきたのだ。月水とは月経、生理であり、神域は穢《けが》れを嫌うために差し控えた方が良いかどうかと尋ねたわけだ。

この記述から、御妻木がまだ生理がある年齢だったという事実が分かる。彼女については、この兼見の記述から少しのちの史料には光秀の姉と記述されていることもある。当時、女性の年齢は名前と同じくとても軽視されており、姉だった可能性もあるということだ。

当時の女性の閉経が何歳頃だったかは定かではないが、平安時代には二十代、江戸時代には三十代だったという。女性の大厄が数え三十三歳といわれるのも、この頃に体調が大きく変化したためだろう（反対に五十歳前後のまま変わらないという説もあるのだが、当時の栄養状態や生活環境全般を考えると、特殊な例を除いては一般に現在よりもかなり早かったのではないか）。当時の女性の出産の時期はもっとずっと早い。

そうであれば、このとき御妻木はまだ二十代、三十歳前だったのではないだろうか。そうすると、兄である光秀もそれ相応に若くなければおかしく、六十代や五十代では辻褄《つじつま》が合わない。天文九年生まれなら数え四十歳。これがギリギリの線なのではないか。御妻木が仮に姉であるなら、もっと劇的に光秀の年齢は下がる。彼のイメージは、グッと若返るのだ。

光秀は現在考えられているよりはるかに若い人物だったと考えを改めた方が良さそうだ。

二章　ふたりの主君

光秀の越前《えちぜん》ネットワーク

光秀の生年が天文九年以降だとすれば、まだ二十代半ばの青年武士だった彼は、田中籠城の直後に、命令者である主君足利義輝を松永久通・三好三人衆の弑逆《しいぎゃく》によって失い、奉公衆としてのみずからの地位も泡のように消えてしまった。

このあたりは管領《かんれい》家の細川一門に連なり、近畿にしっかりとした所領を持つ細川藤孝などとは違う。田中に籠城させられたことで推測できるように、光秀は奉公衆の中では軽輩《けいはい》の部類だったものと思われ、幕府が機能を停止すればそのまま自分の立場も崩れ去ってしまうのだ。「家中軍法」にある彼自身の「瓦礫沈淪」という言葉は、この時期の牢人まがいの境遇を指しているのだろう。

だが、藤孝らが義輝の死から二カ月後の七月二十八日に、義輝の弟で出家して奈良興福寺一乗院に入っていた覚慶《かくけい》を松永・三好三人衆による幽閉状況から脱出させ、近江国甲賀郡の和田惟政のもとに避難させると、光秀もまた、還俗《げんぞく》して覚慶から義秋《よしあき》と名乗りを変えた義昭を何とか将軍職に就《つ》けようと動き始めたものと思われる。

義昭は越後《えちご》の上杉輝虎《うえすぎてるとら》（謙信《けんしん》）や甲斐の武田信玄にも出陣を求め、十一月二十一日に野洲郡の矢島に移って仮御所とし、永禄九年三月十日、輝虎にこう書き送った。

「越若《えつじやく》両国中、越すべき覚悟候」

矢島で六角義賢（承禎）の保護を受けながら輝虎の上洛を要請する義昭に対し、輝虎が「ご命令に従わない国にはどうなさるのですか」と問い合わせたことへの返答なのだが、松永・三好三人衆に対する危機管理対応とともに、直接朝倉義景や武田義統を説得し、上洛戦を実行させるために越前か若狭のどちらかに移る覚悟はしている、というのだ。

光秀が田中城を守ったことは、こういう場合の移動ルートの確保という意味もあった。

義昭が越前か若狭に移るとすれば、現地と事前に綿密な打ち合わせが必要になるのは当たり前。貴人を迎えるというのは何かと調整や準備が求められ、側近の人間が赴《おもむ》いて交渉をおこなわなければならない。

ところが、このときの義昭の手元には人材の余裕が無かった。六月には細川藤孝と和田惟政が織田信長と美濃の斎藤龍興《たつおき》（義龍の子）の講和仲介のために尾張へ出向いており、他に優秀な外交手腕を持つ人間がいないのだ（余談だが、『綿考輯録』ではこのとき、義昭の身辺に侍《はべ》っていた武士の中に沼田勘解由左衛門清延の名がある。）。

武田義統は家中の反乱を朝倉義景の援助を受けてようやく鎮圧するなど、国外に兵を出すのは到底無理な状況だったのに対し、朝倉義景は加賀の一向一揆との戦いさえ講和となれば京に兵を進める国力は持っている。ともかくも越前に連絡役を送り込んで、義昭動座《どうざ》に備えた根回しをしておかなければならない。

そこで越前に派遣されたのが、どうやら光秀だったらしいのだ。

「その後、日々取り紛《まぎ》れてご無沙汰《ぶさた》し、失礼しました。次郎が越前へ赴くことについて、朝倉殿よりいただいた書状の内容の通りにご命令されました。大変喜ばしいことです。元々こちらは平和維持の方針のままですから、越前も同じお考えということで満足しております。その件について書状をしたためますので、朝倉殿へよろしくお取り次ぎ下さり、結果を教えていただければありがたく存じます」

これは、年不詳八月二十二日で「前野丹後守《たんごのかみ》」という人物に宛てて光秀が送った書状で、竪紙《たてがみ》という書状の作法上最高の形式をとっている。

朝倉殿（朝倉義景）との外交交渉で「前野丹後守」（朝倉家重臣の前波《まえば》氏の誤記か）という相手窓口役とやりとりをしているが、朝倉家が平和＝友好関係を望む相手は目上の足利義昭ではないことは明らかで、「ご命令されました」の部分に闕字《けつじ》（貴人を直接指し示す固有名詞や、その行動を表わす言葉の上を一文字空白で開ける）が使われていないことから、光秀側の主体は織田信長であったとわかる。

信長が朝倉義景と敵対し、越前へ侵攻するのは元亀《げんき》元年（一五七〇）四月だから、この外交文書はそれ以前のものだったと思われるのだが、ここで登場する「次郎」は光秀の重臣で、「次郎右衛門」、「二郎四郎」とも名乗った明智次郎左衛門光忠《みつただ》かもしれない。光忠は光秀の従兄弟《いとこ》と言われ、娘婿でもあったから、光秀の連絡役として越前に駐在する外交官としては適任だろう。

この書状でわかるのは、光秀が朝倉家重臣としっかりした外交チャンネルを持っていることだ。長い月日をかけて培《つちか》った人脈が無ければ外交の実をあげることができないことを考慮すると、光秀はこれより何年も前から越前方面にネットワークを築いていたと考えるのが自然だろう。

越前に十年間もいた？

「遊行三十一祖京畿御修行記《ゆぎょうさんじゅういちそけいきごしゅぎょうき》」と仮に呼ばれている史料を紹介しよう。愛知県碧南《へきなん》市の大浜称名寺《おおはましょうみょうじ》に伝来したもので、時宗《じしゅう》総本山遊行寺《ゆぎょうじ》（神奈川県藤沢《ふじさわ》市）の三十一代同念《どうねん》上人が天正六年から八年（一五七八〜八〇）の間におこなった回国《かいこく》修行記だ。原本ではなく寛永《かんえい》七年（一六三〇）に筆写されたと思われるものだが、内容に史実との矛盾は無く、信頼性が高い（橘俊道校註、大谷學報　第52巻）。

その中にこんな記事がある。

「惟任方もと明智十兵衛尉といひて、濃州《のうしゅう》（美濃）土岐一家牢人たりしか、越前朝倉義景頼《たよみもう》申され長崎《ながさきしょうねんじ》称念寺門前に十ヶ年居住」

長崎称念寺というのは現在の福井県坂井《さかい》市丸岡《まるおか》町長崎にある時宗の名刹《めいさつ》で、南北朝時代に越前で戦死した新田義貞《にったよしさだ》の墓所となっている。

光秀が牢人だったという部分、長い年月を越前で過ごしたという部分は、さらに長崎称念寺との関係を記した部分と、後の『明智軍記』とも重なる部分が多い（称念寺については、『明智軍記』では光秀が諸国を回る際に妻子を預けたという設定になっている）。あるいは後者が「遊行三十一祖京畿御修行記」の内容を参照したものだろうか。

ともかく、「御修行記」によってかなり早い時期、光秀の経歴に越前そして称念寺との関わりがあったという伝承が生まれていたというのは、留意しておくべきだ。しかも、称念寺が時宗に属するという点で、時宗総本山遊行寺の同念上人による光秀と称念寺との関係の証言には一定の信憑性《しんぴょうせい》が感じられるではないか。

称念寺は三国湊《みくにみなと》と、そこへ流れ込む九頭竜川《くずりゅう》にほど近い（戦乱の中で一時近くの金津《かなづ》の東山《ひがしやま》に移転しているが、三国湊・九頭竜川との強い関係は変わらない）。三国湊は日本海交易の有力拠点であり、九頭竜川は河川舟運の動脈。これに近い場所に大寺院があれば、当然その周辺には物資が集まり、商業活動が盛んとなる。外交活動に必要な資金を稼ぐには、これ以上の場所はないだろう。

さらにそれだけではない。

若狭の敦賀《つるが》湊、越後の直江津《なおえつ》と結ばれた海上ルートによって、武田義統や上杉輝虎と連絡をとるのに非常に都合が良く、情報も集まって来やすい。

光秀が称念寺門前に駐在したとすれば、資金調達と義昭支持の諸侯との連絡や情報収集を目的とするものだったとするのが自然だ。そしてそれは、「御修行記」が十年とするのは長すぎるものの、永禄九年（一五六六）の六月前後から永禄十一年（一五六八）の七月頃までの約二年間だったと考えられる。

日本海交易の繁栄、そして日本海側の物資が越前から内陸へと輸送されていく状況を見続けた日々は、近江田中城で琵琶湖の水上流通と鯖街道による若狭～京の物資の流れを実見したのと同様、それからの光秀に大きな影響を与えたのだった。

義昭動座《よしあきどうざ》

永禄九年（一五六六）七月、足利義昭にとっては前途洋々《ぜんとようよう》の毎日が続いていた。三月頃から細川藤孝を尾張《おわり》へ下向させ、六月に和田惟政も追加で派遣して進めていた織田─斎藤の講和が何とか形になり、信長がかねて表明していた義昭の上洛供奉が実現しそうな雲行きになってきたのだ。

義昭の意を呈した京・大覚寺《だいかくじ》の門跡《もんぜき》義俊《ぎしゅん》は、大和国の国人領主十市遠勝《とおちとおかつ》にこう書き送っている。

「来月二十二日織田尾張守が参陣して（義昭の）御動座の供をする。それには三河《みかわ》・美濃・伊勢（と尾張）の四ケ国の軍勢が従うので、忠誠を発揮し、功を挙げるのはこの時である」

意気騰《あ》がる義昭陣営の鼻息の荒さが聞こえてくるような文章だ。

これは七月十七日に書かれている書状なので、信長の出陣は八月二十二日に予定されていたことがわかる。

だが、実際に八月になると、風向きは一転した。美濃の斎藤龍興が起請文《きしょうもん》（契約の履行を神仏に誓う形式の文書）まで提出した約束をひるがえして講和を実行しない気配を、信長が察知して上洛を取り止めたのだ。

龍興の家老たちの書状に「去春已来《いらい》、三好かたより種々懇望《こんもう》」とある（「中島文書」）ので、義昭に対抗して義栄《よしひで》（義昭の従兄弟）を擁立しようとする三好三人衆が、この年の春から龍興に外交攻勢をかけ続けていたことがわかる。

これによって信長の出陣は中止され、信長は斎藤氏から「天下の嘲弄《ちょうろう》（笑い者）」とこきおろされることとなった。

信長の上洛を阻止した三好三人衆は、この隙《すき》に〝目の上のこぶ〟義昭を討ち取ってしまおうと軍勢三〇〇〇を琵琶湖の南湖《なんこ》対岸の坂本にまで進ませる。

南湖、つまり琵琶湖の南側部分は幅が狭く、水上の行き来が簡単なので、矢島の義昭の手勢との間で小競《こぜ》り合いがおこなわれた。このときはかろうじて義昭方が三十名ほどの三好勢を討って退けたものの、三人衆が六角義賢にも工作の手を伸ばし、義賢もそれに乗ったことを悟った義昭は二十九日、近臣とともに若狭の武田義統を頼って避難する。

だが、奈良興福寺の多聞院英俊《たもんいんえいしゅん》が『多聞院日記』で「若狭も武田殿父子の争いで乱れていると聞くが、どうなる事やら」と記している（永禄九年閏《うるう》八月三日）ように、義昭の妹婿である義統は、家中の反対派が義統の子元次《もとつぐ》をかついで逆らったため、その対応で手一杯でとても義昭を奉じて上洛するような余裕は無い。

案《あん》の定《じょう》、義昭はすぐに見切りをつけて越前敦賀の金ケ崎《かねがさき》に移った。九月八日のことである。

先行して越前に滞在していた光秀は、後に京で奉行として活躍する高い事務処理能力を発揮して、義昭動座についてその根回しや仮寓《かぐう》先の手配など、諸事万端《しょじばんたん》抜《ぬ》かりなく働いたことだろう。

こうして主従は三カ月ぶりに合流することとなった。

光秀と信長の接近

永禄十年(一五六七)八月十五日、信長は美濃を併合し、岐阜《ぎふ》城主となる。

義昭を奉じての上洛が一度は斎藤龍興のおかげで白紙に帰したあと、報復のためにおこなった美濃攻め(河野島《こうのしま》の戦い)も、「川へ逃げ入り、水に没し溺れる者ども、数を知らず」、「為体《ていたらく》前代未聞」(いずれも「中島文書」)という惨敗を喫して恥の上塗りをしてしまった信長は、一年がかりで斎藤家の重臣たちを寝返らせるなど準備万端を整えて攻め入り、ついに汚名を返上したのだ。

この大きな動きを受けて、義昭も今度こそ上洛をと信長に期待を寄せた。『綿考輯録』によれば、光秀は義昭の命を受けて十月九日に岐阜に赴いたという。

その史実性を確かめるすべは無いが、「土岐の随分衆」の光秀ならば織田家臣団に吸収された美濃の武士たちに縁故があり、情報収集をするには最適任だろう(なにしろ、伝承では彼のいとこが信長の正室濃姫《のうひめ》なのだから)。二年前に越前に派遣された際の任務と同様であり、その実績を買われての特命と考えれば、じゅうぶんに現実味がある話だ。光秀もまた、奉公衆としてふたたび世に出るために命がけの奔走を誓ったことだろう。

もっとも、信長は永禄二年（一五五九）二月に最初の上洛をおこなった時に将軍義輝に拝謁《はいえつ》しているから、奉公衆の光秀とも接触がなかったとは言い切れないが、いずれにしても「公式な」ふたりの対面は、この十月の光秀美濃派遣の際と考えて良いと思われる。

一方の義昭は越前下向以来、越後の上杉輝虎を本命として頼んでいたものの、肝心の輝虎は北条氏・武田氏との争いや重臣本庄繁長《ほんじようしげなが》の反乱で背後を危険にさらされているため西上できず、保護を受けている先の朝倉義景も加賀一向一揆との対峙《たいじ》、家臣の反乱、嫡男阿君丸《くまぎみまる》の早世と上洛どころの騒ぎではない。

あまつさえ、翌永禄十一年（一五六八）二月八日には三好三人衆が擁立する足利義栄がついに朝廷から将軍宣下を受け、室町幕府第十四代将軍の座に就いてしまったから、義昭の焦燥《しようそう》の大きさは想像にあまりある。

そんななか、信長から、

「善悪《ぜんあく》濃州へ御座を移さるに於いては、御入洛の御供早速申すべく候」(「伊佐早文書」)
(とにかく美濃へ御動座いただければ、すぐに上洛のお供を致します)

と申し入れがなされたのだから渡りに船だ。義昭側から細川藤孝・上野清信《うえのきよのぶ》が交渉役として美濃へ赴いて打ち合わせに当たった。

光秀がその取り次ぎ役を務めたという話もあるが(『綿考輯録』)、藤孝は以前に信長に面会済みであるから、取り次ぎ役というよりも、藤孝らの美濃訪問の日程調整のような役割だったのではないか。

奉公衆の中での序列が低い光秀は表面に出ず、あくまで裏方として働いていた。ともあれ、両者は合意に達し、義昭の美濃動座が正式に決まった。義昭は「義景も納得したから、七月十六日に美濃へ移ることに決まった」と上杉家に状況を連絡している。

七月十三日、義昭が越前一乗谷《いちじょうだに》を後にする。義景に「今後とも其《そ》の方の身上を見捨てない」とのお墨付きを書き与えた(『足利季世記《きせいき》』)うえでの出発だった。

『綿考輯録』には「光秀家人溝尾庄兵衛《けにんみぞおしょうべえ》」が「阿波ヶ口《あわがぐち》」というところに義昭を迎えに赴いたとある。阿波ヶ口は、朝倉家の本拠一乗谷の下木戸《しもきど》から隣りの阿波賀（福井県安波賀町）に出る阿波賀口である。

庄兵衛は光秀の重臣だが、動座に関する信長と義昭の実務交渉の直接担当者であり、朝倉氏との接触も無難にこなす人物だったらしい。

織田家からは不破光治《ふわみつはる》・村井貞勝《むらいさだかつ》・島田秀満《しまだひでみつ》らが迎えに出（『信長公記《しんちょうこうき》』）、一行が穴間《あなま》谷を経て若子《わかご》橋を通り、仏原《ほとけはら》（いずれも越前大野《えちぜんおおの》に至る美濃街道沿いの地名）に出ると、そこには光秀が五〇〇名余りの人数を率いて待機しており、織田が送った一行は義昭一行に合流したという。

五〇〇人以上となればざっと一万六〇〇〇石以上の禄高《ろくだか》ということになるが、ここでの話が本当としても、それは信長から付けられた人数に過ぎない。

一行は十六日に浅井長政の北近江小谷城でもてなしを受け、二十五日美濃の立政《りゅうしょう》寺《じ》に到着。信長は岐阜城から寺を訪れて義昭を盛大にもてなし、「このうえは一刻も早く御上洛を」と決意を固めた（『信長公記』）。

信長上洛戦では目立った活躍も無く

永禄十一年（一五六八）九月七日、岐阜を出陣した信長はたちまち南近江、京とその周辺を席巻《せっけん》し、六角義賢（承禎）や三好三人衆を追い払って畿内中心部を支配下に置く。

この戦いについて、光秀が戦闘に参加したことを示す一級史料は存在しない。

ただ『綿考輯録』が、六角氏の拠点箕作城《みつくりじょう》（滋賀県東近江市）攻めでの先鋒《せんぽう》に次ぐ二番隊の将のひとりとして光秀の名を挙げている。主君の義昭も信長に担《かつ》がれて京へ向かう以上、光秀ひとりが岐阜に残留しても何も仕事は無いので、彼がこの上洛戦に従軍したことは間違いないだろう。

ちなみに同書は三番隊の中に「羽柴藤吉郎《とうきちろう》」を挙げている。当時はまだ木下《きのした》藤吉郎秀吉と名乗っていた、後の豊臣秀吉だ。

しかし『綿考輯録』の「光秀二番隊」説は、実際に箕作城攻めを担当したのが佐久《さく》間信盛《のぶもり》・木下秀吉・丹羽長秀《にわながひで》・浅井信広《あざいのぶひろ》だった事実と矛盾する。

佐久間と丹羽は織田譜代《ふだい》の重臣、浅井は信長馬廻衆《うままわりしゅう》、木下は新参ながら美濃攻略で大きな役割を果たした功労者。『信長公記』が「御馬廻にて箕作攻めさせられ」と記したように、信長は織田勢の一手だけで事にあたり、光秀ら義昭に従う幕臣衆や、新規召し抱えの美濃衆も作戦に加えなかった。

信長はなぜ身内だけで箕作城を攻めたのだろうか。

それは、まず第一にともかくにも短期間で上洛するためだった。

作戦が長期に及べばどんな想定外の事態が起こるかもしれない。また、ほんの少しでも戦闘で不覚をとればそれは誇張拡大されて京に伝わり、のちの支配がうまくいかなくなる可能性がある。三好三人衆にも迎撃態勢を整える余裕ができるだろう。それを避けるため、信長は意のままに動く直臣《じきしん》たちを投入したのである。

次に、義昭の家来たちが戦闘に参加するようなことがあれば、義昭と信長の力関係に影響が生じるからという理由もあっただろう。光秀らが活躍すれば、義昭が織田家を率いて上洛戦を主導したという印象を世間に与えてしまい、信長の求心力が下がるというわけだ。

このため、織田家プロパー（生え抜き）の戦力のみが戦闘に投入された。

『綿考輯録』には、細川藤孝が三好方に占拠されている自身の本拠山城勝竜寺《やましろしょうりゅうじ》城（京都府長岡京《ながおかきょう》市）を奪還する際のエピソードが書かれている。

光秀が「織田家の旗本の軍勢の力をお借りするにも及びますまい。それがしが助太刀《すけだち》しましょう」というのを藤孝が「それすらも不要です」と断り、光秀の兵一五〇のみを予備隊として借り、みごとに城を攻め落としたとある。

しかし『信長公記』では、柴田勝家《しばたかついえ》・蜂屋頼隆《はちやよりたか》・森可成《もりよしなり》・坂井政尚《さかいまさひさ》の四人が先陣となって勝竜寺城方面に向かい、城を守る三好三人衆のひとり岩成友通《いわなりともみち》の足軽を蹴散らした後で、信長自身も勝竜寺城に攻め寄せ、友通は城を明け渡して退去している。

ここでも織田主力が攻撃を担当しているのだから、光秀の援軍申し出や、兵を藤孝に貸した話なども信用できない。おそらく光秀は上洛戦においてはみずから実戦に参加することも、部下を前線に派遣することもなく終わったのだろう。

信長の電撃的な上洛戦敢行の前に、十四代将軍義栄は三好氏の本拠である阿波《あわ》（徳島県）へ逃げた（異説あり）ものの、ほどなく病死。義昭は無事十五代将軍の座につくこととなる。

義昭上洛で大きな果実を得た信長

信長のおかげでついに京に入った義昭。彼が朝廷に参内して将軍宣下《せんげ》を受けたのは十月十八日だった。二十二日には奉公衆を引き連れて御礼の参内《さんだい》をおこなったが、残念ながらその中に光秀の名は無く、御供衆の藤孝、走衆《はしりしゅう》の沼田弥四郎《ぬまたやしろう》らが挙げられているだけだ（『言継卿記』）。

もっとも、光秀が足軽衆だったとすれば、将軍の行列の先駆けを務める護衛役の走衆や上級奉公衆の御供衆と違って、この参内に従う立場ではなかったというだけの話なのだが。

そして三日後の二十五日、義昭は「足利家の再興をこの上無く有りがたく思う、ますます幕府が安定し国々が治まるよう、ひとえに頼み入る他は無い」と信長への謝意を示し、「御父弾正忠《おんちちだんじょうのじょう》」と呼ぶ（信長は当時織田弾正忠と名乗っていた）ほどの丁重極まりない態度の書状を送っている。

翌日に一旦岐阜へ戻る信長への礼なのだが、実はこの間、信長は義昭のサンクスレターなどとは比べものにならないほどの果実を得ていた。

ひとつ目は、近江の大津と草津《くさつ》、和泉《いずみ》の堺《さかい》の三カ所に代官を置いたこと（『足利季世記』）。

ふたつ目は、支配下の領地にある関所を撤廃したこと（『信長公記』）だ。

大津と草津は岐阜から京への通路にあたる戦略的要地というだけでなく、琵琶湖の舟運、若狭道や東山道を扼《やく》する経済上の大拠点でもある。堺に至っては、宣教師によって「東洋のベニス」と形容されるほどの規模を誇る、海外と畿内各地を結ぶ国際貿易都市にして、鉄砲・弾薬の一大供給地だった。

信長は義昭から近江・摂津・和泉・河内《かわち》のうちで一カ国を与えようと言われたのに対し、この三カ所への代官配置のみを希望したという。一カ国を面で支配するよりも、尾張清洲《きよす》～美濃岐阜～近江草津～近江大津～京～堺と経済と軍事の動脈を貫通させ、大経済圏をつくり、より大きな税収を確保しようと考えたのだ。

関所の撤廃は言うまでもなく、関税によって阻害されて来た動脈の〝ヒトとモノ〟の流れを活発化させるためである。

信長は以降この政策を発展させ、道路の新設や改修といったインフラ整備もおこなって大経済圏を成長させていく。

おそらく光秀はこの信長のやり方を見て、度肝《どぎも》を抜かれたことだろう。近江田中城や越前三国湊で経済のダイナミックな流れを間近に感じ取った経験がある彼には、信長がそれを異次元の規模で拡大させようとしている姿は新しい時代の到来と映ったはずだ。

何としても時代の動きに乗らなければならない。「瓦礫沈淪」の身から何とか復活を遂《と》げたばかりの光秀は、苦労を経験しただけに上昇志向が強かった。

しかし、上洛戦では戦功をあげる機会も無く、このままでは織田家がその勢力を拡大していくのを横目で見ながら、名ばかりの将軍義昭の家来の末につらなっているだけで過ごしていくのみだ。光秀の焦《あせ》りは募《つの》った。

本圀寺《ほんごくじ》の変で発揮した「大筒《おおづつ》の妙術《みょうじゅつ》」

この状況が一変するのは、明けて永禄十二年正月のことである。一月五日、信長の留守を狙って三好三人衆が京を襲ったのだ。このとき義昭は下京《しもぎょう》、六条堀川《ろくじょうほりかわ》の本圀《ほんごく》寺《じ》（現在は山科区《やましな》に移転）を仮の御所としていたが、退勢挽回を狙う三好勢は「一万余」（『足利季世記』）という大軍で堺から河内、山城と進み、東福寺《とうふくじ》から西の本圀寺を窺《うかが》う。その軍勢には美濃から亡命した斎藤龍興の姿もあった。

三好勢は寺に迫り、門前を焼き払って今にも境内になだれ込もうとする。もはや義昭たちの運命は風前《ふうぜん》の灯火《ともしび》だった。

しかし、この絶望的な状況の中、義昭を守って本圀寺に籠《こ》もった面々の中に「明智十兵衛」の名があった（『信長公記』）。彼は上京の奉公衆屋敷から下京六条の寺に駆け付けたのだろう。

光秀と鉄砲については、『綿考輯録』に光秀が「大筒《おおづつ》の妙術」を持っていたという記述がある。大筒というのは現代の大砲ではなく、ひと抱えもある大きな鉄砲（通常サイズの鉄砲が四、五匁《もんめ》玉筒前後なのに対し、二百匁玉筒などと飛び抜けていた）を意味する。言うまでもなく普通の鉄砲に熟達していなければそんな代物を扱えるわけもないから、彼は鉄砲の扱い全般に秀《ひい》でていたと評価されているのだ。

また、越前にいるときに五〇名の鉄砲衆の先頭を切って加賀一向一揆三〇〇〇人を撃ち倒したと『明智軍記』にも書かれている。信頼性に欠ける史料ではあるが、彼が将軍義輝時代からの奉公衆であった場合、義輝と鉄砲とのつながりが即座に連想できる。

この義輝は剣豪塚原卜伝《つかはらぼくでん》から「一之太刀《いちのたち》」の奥義を直伝されたといわれるほどの剣術使いとして知られるが、新兵器である鉄砲にも非常に関心を持っていた。

天文二十二年（一五五三）三月、三好長慶《ちょうけい》と対立して京・東山《ひがしやま》の霊山《りょうぜん》城（現在の霊山墓地周辺）に籠もると、「御城山において（筒を）張られ」（『新編会津風土記《あいづふどき》』）とあるように鉄砲の製造をおこなわせたし、翌天文二十三年（一五五四）一月、豊後《ぶんご》の大友義鎮《おおともよししげ》（宗麟《そうりん》）から鉄砲の献上を受けた際には、義輝側近が「将軍様はすでに多くの鉄砲をお持ちだが、今度贈ってくれた品は格別優秀なので、非常にお喜びです」（『編年大友史料』）と礼状の中で義輝の鉄砲への傾倒ぶりを披露している。

さらに永禄二年六月には近江坂本に滞在していた長尾景虎《ながおかげとら》（のちの上杉謙信）に大友義鎮からの献上品の鉄砲と火薬の製法書一巻を贈り、翌永禄三年三月にまた義鎮から鉄砲の献上を受けた。

義輝が鉄砲に造詣が深く、籠城兵器としてその製造をおこなわせていた以上、実戦を担う配下の奉公衆、特に直接最前線に立つ足軽衆などは間違いなく射撃の修練を積んだはずであり、それは光秀にも当てはまる。彼が田中城に派遣されたのも、籠城兵器として抜群の効果を持つ鉄砲の技量を買われてのことだった可能性は高い。

また、後の光秀にも往々にして鉄砲との深い関わりをうかがわせる節がある（それについては適宜説明をしていきたい）。この考察で分かるように、光秀が鉄砲の名手という軍記物の記述も、一概に無視はできないのだ。

本圀寺の門内に突入しようとした三好勢は光秀の鉄砲によって次々と撃ち倒され、勢いを失う。『信長公記』には「やにわに（たちどころに）三十騎ばかり射倒し」たという記述があるが、それは弓矢とともに鉄砲によるものでもあったろう。

そこへ、勝竜寺城から駆け付けた細川藤孝、沼田清延（勘解由左衛門）らと、河内若《わか》江《え》城（大阪府東大阪市）から出撃した三好義継《よしつぐ》（三好本家の当主だが、三人衆と対立して信長に協力していた）の軍勢が攻撃をかけたために、混乱した三好勢は多大な損害を出して退却していった。

ついに信長の奉行人となる

「本圀寺の変」の活躍によって、光秀は信長から注目され、その信任を得ることになった。なにしろ信長自身が大の鉄砲好きで、合戦ではみずから鉄砲を放ち、天文二十二年四月二十日に舅《しゅうと》の美濃国主斎藤道三と会見した際にも、鉄砲隊を連れていって道三の度肝を抜いたというエピソードを持つ男なのだから、光秀と話が合わないはずが無い。

こうして、本圀寺の変からわずかふた月足らず後の二月二十九日、光秀は歴史の表舞台に初めてその名を現わす。

「公方様・御台《みだい》様　御座所《ござしょ》近辺寄宿停止《ちょうじ》の旨、仰せ出だされ候。万一兎角《とかく》の族《やから》申仁《もうすじん》これあるに於いては、校名（交　名《きょうみょう》）を記しきっと注進《ちゅうしん》有るべく候」

これは将軍義昭とその御台所（義昭に正室は無いため、側室のこと）のご夫妻のお住まいの近くに宿泊することを禁止し、もし不満を申し立てる者がいれば必ずその名を記して報告せよ、という触れ書きで、前関白近衛前久《このえさきひさ》の屋敷の周囲や御霊辻子《ごりょうずし》の町人に対して発せられたものだ。

注目すべきなのは、「御座所」の前が闕字になって将軍義昭に対する敬意を表しているのに対し、「仰せ出だされ」（被仰出）の前は闕《か》けていない点だ。つまり命令を出したのは義昭ではなく信長だったことが分かる。

そしてこの触れ書きに連署《れんしょ》した三名のうちのひとりが、光秀なのだ。

他のふたりは朝山日乗《あさやまにちじょう》と村井貞勝。朝山日乗は日蓮宗の僧で、中国地方の大勢力毛利元就《もうりもとなり》と強いつながりを持ち、その後に京へ出て朝廷にもコネクションを築いていた人物だった。この日乗は、上洛後の信長にとってのブレーンである。村井長門守《ながとのかみ》貞勝は、優秀な文吏《ぶんり》で、のち京都所司代《しょしだい》をつとめる。外部ブレーンとプロパー官僚という形だ。

そのふたりと名を連ねた光秀は、義昭の足軽衆として信長と幕府の間の連携の強化、それに京の施政に携《たずさ》わる人事のバランスを考慮して登用されたのだろう。

この触れ書きは、光秀が以前から幕府奉公衆としてキャリアを積んでいたこと、そして信長が義昭の美濃動座の頃から光秀の器量を見抜いていたことの証明と言える。俗に、「出る杭は打たれる」という。

織田家は信長のカリスマによって秀吉など新参者が活躍できる環境ができあがっているが、京の朝廷、幕府は旧態依然とした固陋《ころう》ぶりだから、批判を封じるだけの説得力が無ければならない。信長はそれを考慮していたが、本圀寺の変で光秀が軍功をあげたことによって誰にも反対されずに大抜擢する大義名分を得たのだ。

こうして光秀は、信長の奉行人として木下秀吉・丹羽長秀らと連署して指示書を出すなど、京とその周辺の政務を担当して行政手腕を発揮し、さらに信長の信頼を勝ち取っていく。

なかでも、四月十四日には山城国賀茂庄《かものしょう》の領民に対し、以前没収した田畠について年四〇〇石の年貢を納め、一〇〇人の軍役をつとめるように命じる奉行連署状は、木下秀吉とふたりで連署したものということで、のちのふたりが激烈なライバル関係となっていくことを考えると非常に興味深い。

賀茂庄は現在の京都府木津川《きづがわ》市の加茂町あたりを指し、木津川南側の平野から豊かな実りを生む土地だった。そのため、東大寺《とうだいじ》や興福寺、賀茂社《かもしゃ》などの権利が複雑に絡《から》み合っており、その支配には抜群の手腕が必要となる。その点で、光秀と秀吉が指名されたのは両者がいかに器量を評価されていたかの証と言って良い。

なお、この連署状は将軍義昭の命令によるものなのだが、四日前に別途、幕府奉行人の諏訪俊郷《すわとしさと》と飯尾貞遙《いいおさだはる》が賀茂庄に対して同じ内容の命令を下している。つまり、光秀は義昭の奉公衆としてではなく、あくまで織田家の奉行人としての立場で幕府の命令を追認し、保証する行政文書にサインしたことになるのだ。

続いて十六日、光秀は木下秀吉・丹羽長秀・中川重政《なかがわしげまさ》と連署で宇津頼重《うつよりしげ》による丹波国桑田郡山国庄《くわだやまぐにしよう》（京都市右京区京北）の押領《おうりよう》停止を命ずることを、立入宗継《たてりむねつぐ》に伝える。

立入宗継は京の「禁裏御倉職《きんりみくらしよく》」と呼ばれる朝廷の金銭や年貢米の出納を管理する人物であり、かたわらで金融業も営んでいたが、その重要な任務である年貢徴収について、山国庄の朝廷御料所（直轄地）が宇津城主頼重によって押領（実力支配して年貢など諸税を奪うこと）され、収入が途絶《とぜつ》している状況の解決を信長に懇請《こんせい》していた。

これに対し、信長の意を体した光秀らが頼重の行為を止めさせると約束しているのだが、実はこの頼重、札付きの要注意人物だった。

なにしろ、彼の〝押領歴〟は長い。七年前の永禄五年（一五六二）四月三日には六角義賢からも山国庄小野《おの》・細川《ほそかわ》などの押領停止を命じられている（「立入宗継文書」）。

この時期、義賢は山城国に兵を進めて京を制圧していたから、宗継は朝廷の意向を受けて六角氏の力を背景に山国庄を取り返そうとしたのだが、頼重は屈せずに既得権化した山国庄の支配を続けた。

十八日に光秀は頼重に対し、「信長様の朱印状を渡す。山国庄の押領を止めよ」と命じる。宗継との約束を実行したのだが、頼重はこれも無視して山国庄の押領を維持するのだ。

この後、宇津頼重の存在は光秀にとって大きなウェイトを占めることとなっていく。

三章　勝ち抜くために何をしたか

家内の競争に拍車をかける「請《う》け負《お》い方式」

永禄十二年の八月は、光秀にとってはストレスの溜まる月だったかもしれない。それは同僚の木下秀吉の働きによるものだった。

秀吉は坂井政尚《さかいまさひさ》とともに畿内の兵二万を率いて但馬《たじま》（兵庫県北部）に進攻し、十日の内に銀山城《ぎんざん》（猪名川町《いながわ》）・子盗城《こぬすみ》（豊岡市出石町《いずし》）・垣屋城《かきや》（豊岡市日高町《ひだか》）など十八の城を攻め落としてしまったのだ（「益田家什書」所収「毛利元就ほか宛て朝山日乗書状案」）。

この頃、毛利家は尼子氏《あまご》再興を目指して出雲《いずも》に入り、因幡《いなば》・伯耆《ほうき》・備後《びんご》・備中《びっちゅう》・美作《みまさか》にも勢力を拡大していた山中鹿助幸盛《やまなかしかのすけゆきもり》らに悩まされ、それに呼応して赴援《ふえん》しようとしていた但馬の山名祐豊《やまなすけとよ》を牽制するために、信長へ但馬侵攻を要請していた。

このため、信長派遣の軍勢は別途播磨にも進み、尼子残党に背後からにらみをきかせる。

その後秀吉は伊勢方面の作戦のために但馬から引き揚げるのだが、二十六日には伊勢阿坂城《あざか》（三重県松阪市《まつさか》）攻撃をおこない、先頭に立って城の塀際まで進み、傷を負ってしまった。

『信長公記』は「薄手《うすで》を蒙《こうむ》り罷《まか》り退《の》かれ」と軽傷を協調しているが、『勢州《せいしゅう》軍記』にはこうある。

「織田家の先陣、木下藤吉郎秀吉、阿坂城を囲みてこれを攻む。城中しばらく防ぎ戦う。大宮大之丞《おおみやおおのじょう》（城主大宮入道含忍斎《がんにんさい》の子）、大力の弓の上手たりしかば、さしゆいひきゆい（次々と）これを射る。寄せ手辟易《へきえき》して進み得ず。ゆえに秀吉の左肘《ひじ》（別の史料では左腿《もも》とも）を射る」

大力の弓の名手なのだから、その矢は塀際《へいぎわ》に居た秀吉に深々と刺さったことだろう。とても軽傷というわけにはいかない。直後におこなわれた北畠具教《きたばたけとものり》（伊勢の前国司）の本拠大河内《おかわち》城（松阪市）攻めでは控えに回り、次に戦場で活躍するのは八カ月後のことだった。

秀吉が戦場で負傷するのはあとにも先にもこれっきりで、他に例がない。

なぜ人生唯一の戦傷まで負って無理に阿坂城を攻めたのだろう。この城は伊勢湾を一望する山城で、伊勢と伊賀・奈良・京とを結ぶ通路をにらむ要衝だったから、その重要性を知る信長にアピールするためだったとも考えられるが、いくらアピールしても伊勢方面は滝川一益《たきがわかずます》が担当しており、秀吉には具体的なメリットは無い。

彼は一刻も早く但馬方面の作戦に戻ろうとして焦っていたのだ。

但馬には生野《いくの》銀山があり、中国地方への通路でもある。彼は毛利氏に対する窓口となることをこの段階で狙っていたとしか考えられない。

翌元亀元年（一五七〇）二月十三日に信長が毛利元就の三男小早川隆景《こばやかわたかかげ》宛てに親書を送り、三月十八日には秀吉が「我等事、若輩《じやくはい》ながら相応の儀に示し預かり、疎意《そい》あるべからず候」（自分のような者にもお心遣《づか》いをいただきありがたいことです、今後ともよろしくお付き合いください）と書き送って馬一頭を贈っていることから、この間、あるいはそれ以前から彼が毛利家に対する織田家の外交窓口として活動しており、隆景から音物《いんもつ》を受けていたことがわかる。

秀吉は信長の下で中国地方の経略を任され、石見銀山を制し、瀬戸内海貿易を支配下に置く長期目標をすでに視野に入れていた。

この後で形になっていくことだが、信長の勢力拡大は「請《う》け負《お》い形式」と例えられる。ある方面の経略を任せられた者が外交窓口となり、調略によって敵の内から寝返りを呼び、信長から借りた兵で（あるいは信長の「親征《しんせい》」をあおいで）敵領に侵攻して従え、恩賞として敵領の一部または全部を与えられる。これがのちに「地方軍団」制へと発展していくわけだ。

ちなみに、松永久秀など外様家臣の場合は自力で敵領を平定し、それを信長から領地として保証されるという形をとる。「和州《わしゆう》一国は久秀進退たるべし」（『多聞院日記』）と、大和国における平定戦《へいていせん》展開を認められ、「大和切取次第《きりとりしだい》」（『細川両家記』）とされたのがそれだ。これは「切取次第」制と呼ばれる。

まさに秀吉は、信長の「請け負い形式」の申し子と言えるだろう。

光秀はなぜ四国侵攻を企《たくら》んだのか

拡大していく織田経済圏を目撃し、その将来性を実感した才腕の光秀にも、秀吉の狙いははっきりと理解できたはずだ。

しかし、光秀はその間、しっかりと自分の目標を具体化すべく動いていた。
前掲の朝山日乗の書状にはこうも書いてある。

「安房（阿波）・讃岐《さぬき》か、又は越前かへ、両方に一方申し付くべき躰《てい》に候」

信長は阿波とその隣りの讃岐、つまり四国方面か、あるいは越前方面かの二方面のうち、一方面に絞って平定作戦をおこなうだろう、というのだ。光秀はこの二択のうちの阿波進攻を強力に推進しようとしていた。それは、この後の彼の行動にハッキリ現われている。

十一月二十日、大坂の本願寺《ほんがんじ》門主《もんしゆ》顕如光佐《けんにょこうさ》が光秀に宛てた書状を紹介しよう。

「御内書《ごないしよ》の趣《おもむ》き、拝見致し候。すなわち阿州《あしゆう》表《おもて》の儀、門下の族《やから》此《こ》の方として申し付くに依《よ》り馳走致《ちそういた》すの由《よし》、曾《かつ》て以《もつ》て分別能《ふんべつあた》わず候。惣別《そうべつ》（おおよそ）此の如き段、双方合力《こうりよく》助言の儀、一切これ無き事に候。此等《これら》の旨、然《しか》るべき様申し入れ給《たま》うべく候。

恐々《きょうきょう》、

十一月二十日

明智十兵衛尉殿」

顕如はこの中で、「義昭様からいただいた書状（御内書）の内容を拝見しました、阿波方面のことは、本願寺門徒に私が命じたために彼らは活動しているとのことですが、まったくもって理解できません。ともかくこの件については、私と彼らの間に協力関係（双方合力助言の儀）は一切ありませんので、それをよろしく義昭様にお伝えください」と光秀に要請している。

義昭は兄の義輝を討った三好三人衆を討伐しようと、その本拠である阿波への進軍を希望していた（実際に戦うのは織田軍なのだが）。それを顕如が妨害するために、阿波の門徒たちを動員して戦備を整えさせていた。

顕如の否定が欺瞞《ぎまん》に過ぎなかったことは、このあと各地に群がり起こる反・信長の一向一揆によって明らかとなるのだが、それはさておきこの弁明書を顕如が光秀に宛てて送ったというのが興味深い。前提として義昭の御内書を顕如に取り次いだのが光秀ということになるからだ。

つまり光秀は、将軍の名の下での阿波侵攻構想を主導していたと考えられる。四国に軍勢を進め、三好三人衆を討って阿波を支配下に置けば、大坂湾の海上流通の利権も手に入って幕府の財政を大いに潤《うるお》すこととなっただろう。

ただしこの計画は、実際に兵力を提供する信長が水軍力の欠如などの理由で採用しなかったために、実現しなかった。

次に動き出すのは十三年後の天正十年（一五八二）、しかも光秀にとっては皮肉極まりない形での再始動となる。

それは後に語ることとするが、ともかく光秀が四国進出のキーマンになろうとしていたことは留意しておきたい。それは後年の土佐《とさ》（高知県）長宗我部《ちょうそかべ》元親《もとちか》との関係や、中国地方を狙う秀吉同様、瀬戸内海貿易支配にもつながるからである。

だが、この動きは義昭と信長との間に対立を生み、光秀もその間で微妙な立場に追い込まれることとなった。

信長の家臣か、義昭の家来か

義昭と信長の対立の理由を述べる前に、翌元亀元年（永禄十三年が四月二十三日に改元。一五七〇）正月二十三日、信長が光秀と朝山日乗宛てに発した「五カ条の条書」を見てみよう。

「一、諸国へ御内書で命令を下す必要があれば、信長に断って添え状を付けること。
一、今までの（諸国への）命令は、すべて一旦撤回し、その上で改めて検討し、決めること。
一、幕府に忠功のある者に恩賞や褒美を与えたくとも領地が無いのであれば、ご命令があれば信長の領地から与える。
一、天下の事はすべて信長にお任せいただいたのだから、信長が将軍の許可無しで自由に成敗《せいばい》する。
一、天下は平和だから、朝廷へのご奉仕に油断があってはならない」

義昭の行動を規制する内容だ。

実は、前年の十月十六日、信長は滞在わずか六日で突然京から岐阜へ引き揚げている。「上意《じょうい》と競《せ》り合いて下り了《おわんぬ》」(『多聞院日記』)とあるから、義昭との間で何らかのトラブルがあったと思われるのだが、具体的な事情は正親町《おおぎまち》天皇にも、重臣の柴田勝家《しばたかついえ》にも分からなかった。

この件について堀新《ほりしん》氏(共立女子大学教授)は、直前の伊勢北畠氏攻めが両者の諍《いさか》いの理由ではないかと推定している。たしかに北畠氏は幕府を支える有力大名だった。作家の桐野作人《きりのさくじん》氏はこれに加えて朝廷と幕府の間の不協和音が影響したのではないかと説く。たしかにその板挟みとなるのは、信長にとってたまったものではないだろう。

しかし筆者は、義昭と光秀による阿波攻め構想がこの衝突を生んだと見る。

前年の上洛時、義昭は兄の義輝を殺した主犯格・松永久通とその父の久秀を討ちたかったのだが、信長の説得によって渋々久秀を幕臣に加えている。残る三好三人衆こそは、何がなんでも討たねばならない相手だった。その根回しは光秀を窓口として早くから始められていたのだが、信長にとって四国に軍勢を派遣するのは時期尚早《しょうそう》だ。大坂湾の制海権を確保する水軍も持たない状況では、当然の話だろう。

この両者の食い違いが表面化したのが十六日。

だが、その後も義昭と光秀は諦めない。顕如を責めて何とか阿波攻めを実現しようとしたが、その間、信長は岐阜城で「京面《おもて》の儀、万事存ぜず」（『言継卿記』）とまったく取り付く島も無い態度をとり続けていた。

「五カ条の条書」が作成された三日後の二十六日、公家の山科言継《やましなときつぐ》が新年の挨拶のため光秀邸を訪問。22ページの⑤の史料で登場した奉公衆屋敷の明智十兵衛邸である。もう一度この記録を見返してみたい。光秀について「（濃州へ下向云々、）」と記されている。美濃に下向しているそうだ（それであいにく留守だった）、という意味だ。

この時期、信長は美濃に下っていたのだ。ということは、光秀もまた二十三日以前から岐阜城に入っており、「五カ条の条書」を信長から手渡された可能性が高い。いや、というよりもむしろ、信長は対立の原因となっている阿波攻めの主唱者である光秀を呼び寄せ、叱責してこの条書を与えたのだ。

「（敵の）成敗は信長の専権事項だ」、「義昭は朝廷への奉仕に専念していろ」という言い方は、義昭以上に、目の前の光秀に対して「お前は義昭の家来であるか、自分の家臣であるか、ハッキリ決めろ。自分に付いてくるのであれば、阿波攻めなどと独断専行することは許さぬ」という信長の考えを明確に悟らせるものだった。

義昭向けの内容であるのに宛先が光秀であるのは、そういう理由だろう。

もうひとりの朝山日乗は、朝廷・幕府・織田家のすべてに顔が利《き》く人物であり、この条書の証人という扱いである。そして条書には、最終的に義昭の袖判《そではん》（既読印）が捺《お》された。

光秀に説諭した内容を、義昭も確認し、ともに遵守《じゆんしゆ》すると了承した形で、これにより完全に信長と義昭の上下関係は確定した。光秀の積極策が、かえって義昭の権威を低下させ、その裁量の権能を完全に失わせてしまったのだ。

これが義昭と光秀との軋轢《あつれき》につながっていくのである。

同じ穴のムジナだった

話は少し戻るが、宇津頼重の押領を止めようとした光秀。しかし、ある意味これは頼重にとって説得力がなさ過ぎたかもしれない。

というのは、光秀も似たようなことをやっていたからだ。頼重に命令を発する四ヵ月近く後、彼はこんなトラブルの当事者となっていた。

「当寺（東寺）八幡宮領下久世庄《しもくぜのしょう》、年中御神供《ごしんく》料所として、等持院殿《とうじいんどの》（足利尊氏《あしかがたかうじ》）様御《ご》寄附已来《きふいらい》、今に相違無きの処、明知（智）十兵衛尉方、彼の庄一職《いつしき》上意として仰せ付けらる由《よし》申され、年貢諸事（諸公事＝雑税のことか？）物等、今に至り寺納無く候《そうろう》条《じよう》、御訴訟申し上《あ》ぐべく存ず」

これは京の東寺宝菩提院《とうじほうぼだいいん》の僧禅我《ぜんが》が幕府奉行人の松田秀雄《まつだひでお》・飯尾昭連《いいおあきつら》（貞遥《さだはる》）に宛てて書いたものだ。足利尊氏が寄進して以来、東寺の領地となった下久世庄（京都府城陽《じようよう》市久世の一部）を光秀が押妨《おうぼう》していると訴える内容となっている。

押妨とは他者の領地を侵《おか》したり、不当に税を取ることを意味するのだが、光秀は将軍義昭から「一職《いっしき》」を与えられたことを振りかざして東寺鎮守《ちんじゅ》八幡宮に入るべき年貢・諸税を横領して渡してくれない、というのだ。

一職とは信長が始めた制度で、複数の者たちが同じ土地や住民の所有権を持つ入り組んだ状況の中で、一段上位に立って支配する権利をいう。義昭は信長の手法を真似て光秀にそれを与えた。なにしろ、彼は将軍といえども自分の自由になる土地などほぼないのだから、既存の権利関係を超越する形で与えることができる一職という概念は、部下への褒賞として渡りに船だったに違いない。

ただ、一職支配者となったら（この場合の光秀は）下位の権利者に相応の安堵《あんど》（収入の保証）をしてやらなければならない。

下久世庄は京と奈良を結ぶ奈良街道や木津川の舟運の中継点にあたるから、農産物だけではなく大きな現金収入も有り、権利者にとっては美味しい土地だったらしい。それを光秀は独占してしまったのだ。

禅我は「それどころか今度の放生会の費用の課金も集めさせてくれず、このままでは放生会《ほうじょうえ》がおこなえません」と続ける。放生会は動物の殺生《せっしょう》を戒め、過去の殺生の罪業を救済する宗教行事なのだが、それさえも構わず利益を囲い込んでしまうとはすさまじい。厳密に言えば押領と押妨とは少し意味合いが違うのだろうが、宇津頼重のことをとやかく言えそうもない強引さではないか。

実は、山国庄押領の宇津頼重は足利尊氏に貢献した美濃守護土岐頼遠《ときよりとお》の子孫を名乗っている。いわば光秀とは土岐一族の遠縁の親戚というわけだ。そのふたりが、揃いも揃って押領をやらかしたというのも何かの縁だろうか。

とはいえ、この訴えはふたつのことを私たちに教えてくれる。

ひとつは、この段階で光秀が義昭から一職支配を与えられた、つまり幕臣、奉公衆としての立場がまだ続いていること。信長の奉行人として働きながら将軍家にも仕えるという両属的関係が成立している。

これは何も珍しいことではなく、土地の入り組んだ権利関係では複数の領主が存在し、領民が複数の主人を持つということは当時普通にある。また、上級社会においても、公家には「昵近衆《じっきんしゅう》」（武家昵近公家衆）といい、足利将軍家にも仕える者がいた。

光秀と同時代では、日野輝資《ひのてるすけ》と高倉永相《たかくらながすけ》が元亀四年（一五七三）七月に義昭が反・信長の挙兵をおこなったのに呼応して二条御所に籠城した他、烏丸光宣《からすまるみつのぶ》、飛鳥井雅敦《あすかいまさあつ》らが挙げられる。「二君にまみえる」のが戦国時代の常識だったのだ。

そしてもうひとつ、光秀がこの時期、押妨をはたらいてまでも必死になって資金集めをしていた事実。阿波攻めを念頭に置いた軍資金が必要だったのだろうが、それはまた別の目的に活かされることになる。

一に憂《う》きこと、金ケ崎《かねがさき》の退《の》き口《くち》

元亀元年（一五七〇）二月三十日、岐阜から上洛した信長は光秀の屋敷に宿泊する。「五カ条の条書」からまだひと月あまりしか経っていないが、義昭に条書の内容を呑ませた（袖判《そではん》を捺《お》させた）ことで光秀への評価は逆に高まったのだろう。

とにかく信長という男は独裁的であるにも関わらず、個性的な部下の独走や背反を憎まないところがあって、松永久秀などは二度まで謀反を起こしても助命しようとしたし、秀吉も柴田勝家と喧嘩して無許可で戦場から引き揚げたり、宇喜多直家《うきたなおいえ》を勝手に調略したりして叱責はされたものの、都度《つど》すぐに許されている。

そんな信長であるから、光秀にもすぐチャンスが回って来た。四月二十日、彼は細川藤孝ら幕臣衆に宛てて「本日昼、若狭熊川に到着しました」と書き送る。

信長は義昭の名の下に諸大名へ上洛命令を発し、それに従わないとして越前朝倉義景を討伐することを決したのだが、出陣にあたっては若狭の武藤友益《むとうともます》を討つという理由をつけていた。カモフラージュである。

二十日に京を出陣する信長に対し、先行した光秀は同日若狭国の熊川城に到着している。すでに記したように、義昭奉公衆沼田氏の本拠だ。光秀はここで武田義統重臣たちの出迎えを受け、信長の到着を待った。

信長の進軍行程は、坂本から二十一日に高島郡田中城に入り、二十二日熊川城着陣となっている。土地勘のある光秀は、田中城と熊川城で周辺情報の収集と信長受け入れの準備にも当たった。そして、信長が熊川に入るとそのまま越前攻めの先鋒を命じられたものと思われる。

二十三日、若狭武田家の家老粟屋勝久《あわやかつひさ》の佐柿国吉城《さがきくによし》（福井県三方郡美浜町《みはま》）を経て、織田軍は二十五日に越前敦賀方面に侵攻する。すでに戦備を整えていた朝倉軍は手筒《てづつ》山《やま》城（金ヶ崎城の南東）で激しく抵抗するが、三万を呼号《こごう》する織田の大軍の前に、一五〇〇の城兵はほぼ全滅したという。

続いて二十六日、織田軍は金ヶ崎城に攻めかかった。城代の朝倉景恒《かげつね》以下三〇〇〇の守備方は前日の手筒山城救援失敗で多くの損害を出しており、たちまち五〇〇名余りが討ち死にした（以上『朝倉家記』ほか）ために、城は木下秀吉の降伏勧告を受けて明け渡された。これによって光秀のみならず、秀吉も先鋒を務め、城攻めの最前線に居たことが分かる。

手筒山・金ヶ崎のふたつの城があいついで陥落したことを受け、疋壇《ひきだ》城も開城したため、織田軍は朝倉氏の本拠一乗谷を目指して木《き》ノ芽《め》峠（越前と若狭の境）に殺到しようとした。

まさにその時、小谷城の浅井長政が裏切って朝倉氏に味方したという一報が入ったのである。最初は「長政は親戚（信長の妹於市《おいち》が長政の正室）であり、北近江一円の支配を許してやっているのだから虚説に違いない」と取り合わなかった信長も、方々から長政離反に相違無しとの注進が飛び込んで来るに及んで、ひとこと発した。

「是非に及ばず」（『信長公記』）

やむを得ない、というよりも、こうしている場合ではない、というニュアンスが近いかもしれない。なにしろ、対応が遅くなれば遅くなるほど北から朝倉、南から浅井の挟み撃ちに遭う可能性が高くなっていくのだ。敵地に孤立して挟撃《きようげき》されれば最悪全滅の恐れもある。

信長は退却を決断する。琵琶湖を西回りで引き揚げるにあたって彼は秀吉を残し、三十日に朽木谷経由で京へ帰還した。江戸時代、山鹿素行《やまがそこう》が『武家事紀《ぶけじき》』の中で「一に憂《う》きこと」と評した信長の三大苦難の第一、「金ヶ崎の退《の》き口《くち》」だ。

この退却戦、大衆向けの『甫庵《ほあん》信長記』では、殿軍《しんがり》役を決める際に秀吉が進み出て「それがしが残りますから、安心して退却して下さい」と言い、信長は「切なる忠節、浅からず」と感涙を流すことになっている。その後、朝倉軍は秀吉隊の士気に押されて攻めかかることもできず、秀吉らも無事京に戻る、という筋書きなのだが、これは後に天下人となる秀吉を顕彰したものだ。

光秀、先鋒《せんぽう》転じて殿軍《しんがり》となる

史実としての「退き口」は、次のようになっている。

「金ヶ崎城に木藤・明十・池筑その外残し置かれ（以下略）」（『武家雲箋《うんせん》』）

これは五月四日に丹波の波多野秀治《はたのひではる》に宛てて幕臣の一色藤長が発した書状だが、明十（明智十兵衛尉光秀）が木藤（木下藤吉郎秀吉）・池筑（池田筑後守勝正《いけだちくごのかみかつまさ》）とともに殿軍をつとめたと明記されている。

勝正は摂津池田城を本拠とし、信長に従い、義昭から摂津守護に任じられた人物で、このとき三〇〇〇の兵を率いていた。

進攻した軍勢が大急ぎで退却する場合、部隊の前後入れ替えなどはせず先鋒がそのまま殿軍になるのが常識だ。部隊の配置替えで混乱したところを敵に襲撃されればひとたまりもないからで、この場合も、若狭へ先行した光秀が継続して先鋒となって越前へ進み、金ケ崎城で開城交渉をおこなった秀吉とセットで最前線に布陣し、そのまま殿軍となったと考えるのが自然だろう。

その兵数は、池田勝正が三〇〇〇であるから、光秀・秀吉ともに同程度の兵力を率いていたのではないか。参考とするには難がある史料だが、『武功夜話《ぶこうやわ》』には秀吉隊の兵数二三〇〇名余りとある。

越前に土地勘がある光秀は、二十日の書状で「越前への入り口と近江の北郡については、何も異常は無い。もし不審な動きがあれば、夜中でも報告します」とも書き添えている。

彼は朝倉・浅井の動向に、何か一抹の不安を感じていたのだろう。この不安は二十二日には「江州《ごうしゅう》（近江）北方矛盾に及ぶと云々、如何《いかが》成り行くか」と奈良にまで噂が流れるような具体的な脅威となっていくのだが（『多聞院日記』）、光秀はそれを事前に察知できなかった。

彼は、越前攻めで功を挙げれば信長の叱責の汚名を返上し、あわよくばかつて三国湊で体感した北陸経済圏の利権に与《あずか》れるのではないかと考えたために、集まって来る情報の整理分析に希望的観測や主観が入ってしまったのではないだろうか。欲が冷静さを失わせるとは、まさにこのことなのである。

光秀としては、何がなんでも信長を無事に京へ帰還させなければこの先織田家で立つ瀬はない。そのため、先鋒転じて殿軍となることを、一も二もなく受け入れた。

殿軍というものは、勢いに乗って攻めかかるよりも何倍もの勇気が必要だ。金ケ崎の退き口の場合、朝倉軍は二万三〇〇〇だったという。それを一万足らずの兵で食い止めるのは、並大抵のことではない。だが、光秀たちは結果として全軍を無事に撤退させ、自分たちも生還する。

その大きな理由は、光秀の指揮下に大量の鉄砲隊が付けられたことだろう。

『当代記』などには、退却する織田軍の諸隊から三〇、四〇人と優秀な弓衆・鉄砲衆が残されて光秀らの指揮下に入り、五〇〇人ほどの長距離攻撃部隊が結成されたと書かれている。

鉄砲の名手だった光秀が優秀な射撃手たちを指揮すれば、相乗効果で抜群の威力を発揮できる。むろん、光秀みずからも多数の鉄砲と鉄砲衆を従えていた。下久世庄の押妨などで集めた軍資金は、阿波攻めに投入することはできなかったが、この金ヶ崎退き口で日の目を見たのだ。

『武功夜話』に、佐々成政《さっさなりまさ》の配下平左衛門政元《へいざえもんまさもと》が指揮する「佐々鉄炮（砲）隊」の二〇〇名が二段に構えて、入れ替わり立ち替わり射撃して朝倉軍を追い退け、秀吉隊の危機を救ったという描写があるが、これは、光秀指揮下の鉄砲隊の功績を秀吉に都合の良い形に書き換えたとも考えられる。

のちに謀反人として秀吉に討たれた光秀を、秀吉を救った人物として登場させるわけにもいかず、彼の名は故意に抹消された。

無事に若狭までたどり着いた光秀は、そこで織田家次席宿老の丹羽長秀と合流する。長秀は殿軍の第二陣として、光秀・秀吉が撃破され、朝倉軍が若狭になだれ込んでくる場合を想定して待機していたのだろう。

ふたりはここで武藤友益の母を人質として収め、その城館を破壊する。朝倉氏に協力する友益が背後から追撃して来るのを予防するための措置と思われ、その後ふたりは光秀の土地勘を活かして若狭小浜《おばま》から近江高島《たかしま》郡西部の朽木小入谷《おにゅうだに》へ通じる針畑《はりはた》峠を越え、五月六日に京へ戻り、信長に経緯を報告している。

比叡山《ひえいざん》焼《や》き討《う》ちの張本人

金ケ崎の退き口の成功によって、光秀は信長の信頼をかちとった。

しかし、秀吉の躍進はそれ以上である。

六月十九日、秀吉寄騎《よりき》の竹中半兵衛尉《たけなかはんべえのじよう》重治《しげはる》が、鎌刃《かまは》城（滋賀県米原《まいばら》市番場《ばんば》）の堀秀村《ほりひでむら》とその家老樋口直房《ひぐちなおふさ》を浅井方から寝返らせることに成功すると、美濃から北近江への通路を塞いでいた長比《たけくらべ》城と苅安尾《かりやすお》城（いずれも米原市）の浅井兵が城を放棄して退散したために北国脇往還《ほっこくわきおうかん》の通行が可能となる。

信長は即座に出陣し、二日後には小谷《おだに》城（長浜市）に迫ると、二十八日に浅井長政と朝倉景健《かげたけ》の連合軍との間で、「姉川《あねがわ》の戦い」として知られる激闘を展開。勝利を収めた後、姉川を挟んで小谷城の南向かいにある横山《よこやま》城（長浜市）をも攻略した。

近江の戦国の城

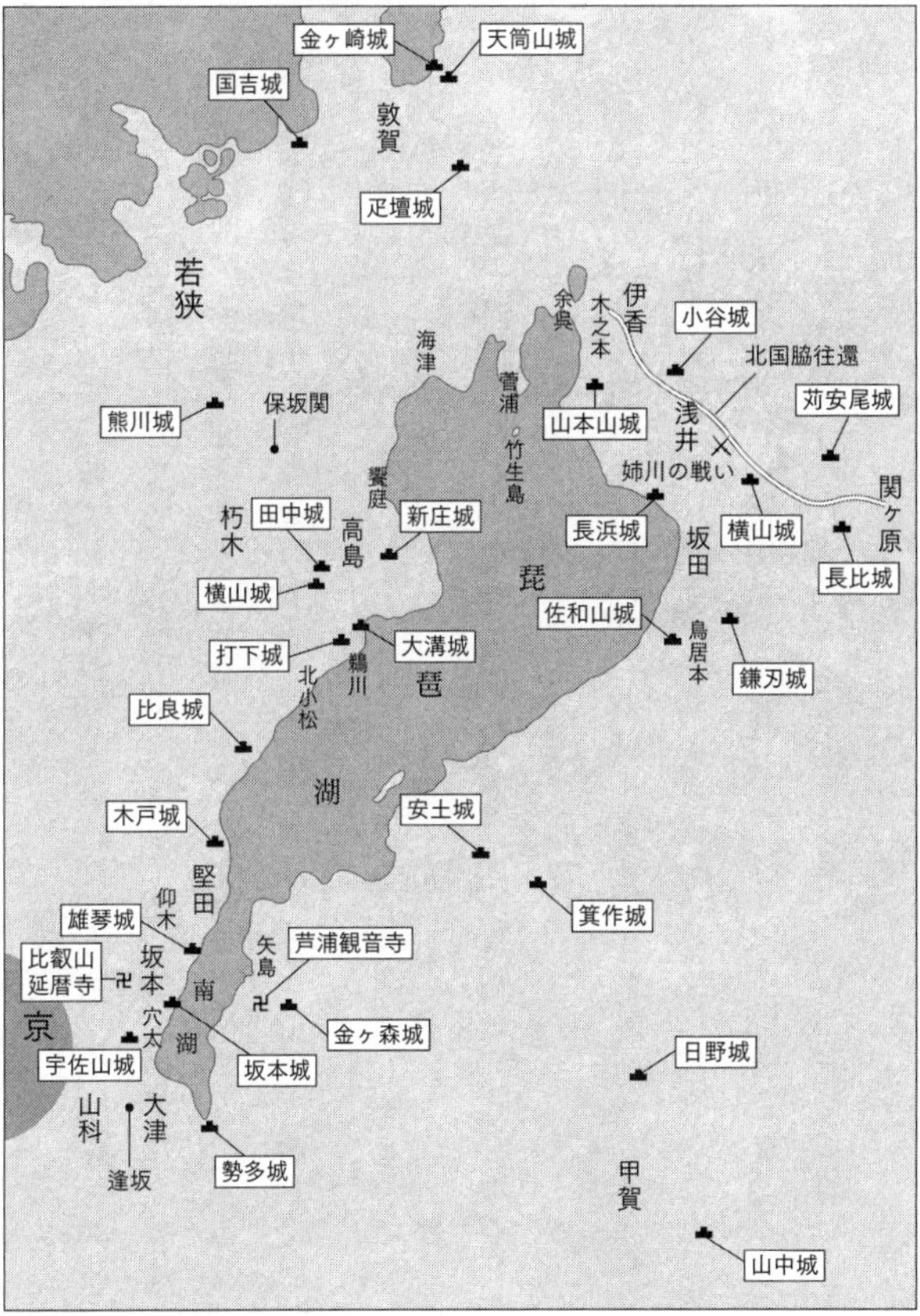
金ヶ崎城
天筒山城
国吉城
敦賀
疋壇城
若狭
余呉
木之本
伊香
小谷城
北国脇往還
海津
菅浦
保坂関
熊川城
山本山城
浅井
苅安尾城
竹生島
姉川の戦い
饗庭
関ヶ原
朽木
田中城
高島
新庄城
長浜城
横山城
坂田
長比城
横山城
琵
佐和山城
鳥居本
打下城
大溝城
鴨川
鎌刃城
北小松
琶
比良城
湖
安土城
木戸城
堅田
仰木
箕作城
雄琴城
矢島
芦浦観音寺
比叡山
延暦寺
坂本
南
穴太
金ヶ森城
京
湖
宇佐山城
坂本城
日野城
山科
大津
逢坂
勢多城
甲賀
山中城

この横山城への在番を命じられたのが、秀吉だった。

浅井長政の本拠小谷城からおよそ七キロ、至近に位置する横山城を任せられたということは、「対浅井」の担当責任者となったことを意味する。めでたく浅井氏を討ち滅ぼした暁《あかつき》には、その領地を与えられるかもしれない。

織田家臣団にはまだ半国規模でも大名になった者はおらず、秀吉がその最初の例になる可能性が出て来たのだ。

これに対し、光秀にもチャンスがめぐって来る。それは、姉川の戦いから三カ月後の九月、志賀《しが》の陣と呼ばれる戦いで宇佐山《うさやま》（志賀）城主森可成《もりよしなり》が近江坂本に於いて討ち死にしたことから始まった。

宇佐山城は比叡山から南へ四キロ程度、若狭街道を扼する高所にある（現在の近江神宮の裏山）。可成戦死の直後、信長に従い、坂本へ出陣した光秀は、元亀二年（一五七一）正月に年始の挨拶に訪れた細川藤孝に対し、「今年は山門《さんもん》を亡ぼそうと思う」と語り、藤孝は聞こえないふりをして帰ったと伝えられている（『綿考輯録』）。宇佐山城に入る半年前のことである。

ちなみに山門というのは比叡山延暦寺《ひえいざんえんりやくじ》のことで、同じ天台宗《てんだいしゅう》の三井寺《みいでら》が「寺門《じもん》」と呼ばれるのに対する呼び方だ。

このエピソードが本当かどうかは疑わしいが、仮に本当だとすれば、彼はこの頃すでに宇佐山城を足がかりに比叡山を討とうと考えていたことになる。そして、その後の経緯はその通りになるのだから面白い。

光秀が宇佐山城に入る前の二月には、浅井家の重臣で佐和山《さわやま》城（彦根市）を守っていた猛将磯野員昌《いそのかずまさ》が降伏し、「高島へ罷り退」いている（『信長公記』）。彼は降伏の代償として高島郡新庄などを与えられ、高島郡打下《うちおろし》のとある国人の協力を得て船で佐和山から高島郡へと運ばれた（「竹生島《ちくぶしま》文書」）。その国人の名を林員清《はやしかずきよ》という。この人物はのち光秀の素顔をうかがう上でキーとなるので覚えておいていただきたい。

そして七月より以前、光秀が宇佐山城に入る。「以前」というのは、七月三日に幕臣の千秋《せんしゅう》刑部少輔が宇佐山城に光秀を訪れているからだ（『元亀二年記』）。あいにく光秀はこの日上京していたが、夜になって帰城した。これによって、この日以前に光秀が宇佐山城に入っていたことがわかる。

さらに光秀は翌日また京へと向かう。五日に幕臣の上野秀政《うえのひでまさ》と連署して山城の曇華院《どんげいん》領大住庄《おおすみのしょう》（京田辺市《きょうたなべ》）での押妨を禁止する命令書を発行しているが、これはついでであり、主目的は信長に比叡山延暦寺周辺の状況をリアルタイムで細かく報告し、対策を講じるためだろう。

志賀の陣は、延暦寺が支配する比叡山に立て籠もった浅井・朝倉連合軍によって引き起こされたものだったから、宇佐山城に入った光秀の任務は、まずはその延暦寺の監視、次に浅井・朝倉連合軍の南下（京への進攻）を防ぐということになる。いや、そうなるはずだった。前任者の森可成がそれを遵守し、死んでいったのだから。

しかし、光秀の動きは監視や牽制《けんせい》といった守勢《しゅせい》を大きく逸脱していく。

入城の翌八月二日、琵琶湖東側の芦浦観音寺《あしうらかんのんじ》に対し、「三雲《みくも》への飛脚に便宜を図って欲しい」と依頼状をしたためているが、この三雲というのは三雲高治《たかはる》という人物だそうだ。

甲賀《こうか》の有力者である三雲氏は、前年に六角方から信長に寝返っているから、光秀は宇佐山城から湖上を対岸に渡った直線上の最短距離で甲賀に使者を発したのだろう。

その目的は、比叡山延暦寺と六角氏が連携して軍事行動をとることが無いよう、三雲氏に監視と牽制をおこなわせるためだと思われる。

是が非でも皆殺しに

光秀が孤立させた比叡山延暦寺に何をしようと考えていたか。それは九月二日の彼の書状で明白となる。

「仰木《おおぎ》の事は是非ともなできり（撫《な》で切《ぎ》り）に仕《つかまつ》るべく候。頓《やが》て本意《ほい》たるべく候」

（和田秀純《わだひでずみ》宛て、「和田家文書」）

和田氏は志賀郡の雄琴《おごと》城主。かつては六角家重臣で、光秀に従うようになっている。雄琴城は比叡山の北、堅田《かたた》の南にあり、宇佐山城と対になって比叡山延暦寺を抑える拠点だ。

その和田氏に対して光秀は「仰木は、是が非でも皆殺しにしなければならない」と激越な言葉を発している。仰木は坂本の北、雄琴の西隣に当たる。比叡山横川《よかわ》から琵琶湖側へ抜けたところの麓に位置し、延暦寺に与《くみ》する土地だった。

そして「すぐに本意を遂げることができるだろう」と光秀は続ける。本意とは比叡山の制圧を指すのだろう。

この九日後の十一日夜、比叡山延暦寺は織田軍によって包囲された。その兵数は不明だが、『武功夜話』には二万余りとある。これに対し、延暦寺の僧兵は十分の一とも五分の一ともいうが、いずれにしてもかなう数ではない。延暦寺の運命は、風前の灯火だった。

一般的に、古典的教養に富んだ彼は信長に対し、延暦寺の歴史的価値や名僧知識の存在を説いて、必死に攻撃を中止させようと努力した、と伝えられて来た。

これは『天台座主記《てんだいざすき》』に「光秀縷々《るる》諫《いさめ》を上《のぼ》りて云う」（光秀は長々と言葉を並べて諫止《かんし》した）とあるのが元になっていると考えられるのだが、この史料は編纂物であり、史料としての信頼性では彼自身の書状に比べるべくもない。光秀はあくまで引き止め役どころか、強硬に殲滅《せんめつ》を主張するほどの主戦派だったのだ。

これに対し、信長は最後まで延暦寺攻撃を躊躇《ちゅうちょ》していたらしい形跡がある。

二年後に彼が義昭と争い、上京《かみぎょう》に放火する際に神道家の公家吉田兼見《よしだかねみ》に「南都相《なんとあい》果《はつる》の時、北嶺《ほくれい》破滅すべきこと、その分也。然《しか》れば王城《おうじょう》災《わざわ》いか」と、お前の父兼右《かねみぎ》が説いたのは、その通りの凶事なのかと尋ねている。（『兼見卿記』）

つまり、南都（奈良）が相果てれば（松永久秀による焼き討ちでの東大寺焼亡）、北嶺（比叡山）も滅亡する。そうなれば王城（京）にも災いが及ぶ、という兼右の主張を、それ以前に信長は知っていたことになる。そして、自分が比叡山を破滅させたうえ、今回上京に放火すれば、それはそのまま天皇と朝廷・京にとっての災いを意味するのか、と心配したのだ。

延暦寺焼き討ちがもたらす負の効果を慎重に考慮する構えを、信長は持っていた。それは、しゃにむに事を進めようという光秀にはない態度だったと言える。

しかし、信長も光秀のやる気に押されたか、十二日、織田軍は総攻撃を開始。長くなるが、『信長公記』からその様子を紹介しよう。

「根本中堂《こんぽんちゆうどう》（比叡山の本堂）、山王《さんのう》二十一社《にじゆういちしや》（日吉《ひよし》大社）を初め奉り、霊仏・霊社、僧坊・経巻一宇《う》も残さず、一時に雲霞《うんか》のごとく焼き払ひ、灰燼《かいじん》の地となるこそ哀れなれ。山下の男女老若、右往・左往に廃忘《はいもう》を致し、取る物も取り敢《あ》へず、悉《ことごと》くかちはだしにして八王子山《はちおうじやま》へ逃げ上り、社内へ逃げこみ、諸卒《しよそつ》四方より鬨声《ときのこえ》を上げて攻め上る、僧俗・児童・智者・上人一々に首をきり、信長公の御目《おめ》に懸《か》け、是《これ》は山頭《さんとう》においてその隠れなき高僧・貴僧・有智の僧と申し、そのほか美女・小童そのかずを知らず召捕《めしと》り、召しつれ御前へ参り、悪僧の儀は是非に及ばず、これは御たすけなされ候《そうら》へと声々に申し上げ候といへども、中々御許容なく、一々に首を打ち落とされ、目も当てられぬ有様《ありさま》なり。数千の屍《しかばね》算《さん》を乱し、哀れなる仕合わせなり」

この悲惨な情景を人づてに京で聞いた山科言継は、「仏法破滅説くべからず、王法如何有るべき事か」（『言継卿記』）と朝廷世界への悪影響を案じている。

だが、延暦寺焼き討ちの急先鋒となった光秀は意気軒昂《いきけんこう》だった。「志賀郡明智十兵衛に下され」（『信長公記』）と、志賀郡五万石が与えられたのだから。

四章　現われた謀略家の素顔

天皇から「違乱《いらん》」と訴えられる

延暦寺焼き討ち後、光秀は信長からその功を賞されて滋賀郡の支配権を与えられたが、ほぼ同時に義昭からも上山城《かみやましろ》の指揮権が与えられたらしい。

上山城とは山城国の南半分。久世《くぜ》郡、綴喜《つづき》郡、相楽《そうらく》郡の三郡から成る「南山城《みなみやましろ》」に宇治《うじ》郡を加えた四郡である。

これに伴って、愛宕《おたぎ》郡静原山城《しずはらやま》（京都市左京区静市《しずいち》静原町）の山本《やまもと》佐渡守実尚《さどのかみさねひさ》、京の一乗寺《いちじょうじ》の渡辺《わたなべ》宮内少輔昌《くないしょうゆうまさ》ら義昭に仕える地元の豪族たちが彼に従属している。光秀の力は、下久世から、上山城、近江滋賀郡と拡大していった。

一方、比叡山延暦寺が焼き討ちされたことは、世間に衝撃を与えた。鎮護国家の道場として、京の都の鬼門の方角（北東）を密教の霊力で押さえるとされてきた、一種の「シールド」を失った天皇以下、公家や寺社勢力がいかに恐慌《きょうこう》したかはたやすく想像できる。

「仏法破滅は説くだけ無駄（な既定の事実）だ。王法（朝廷政治、慣習）はどうなって行くのだろう」という山科言継の嘆きは当然だ。

それればかりでなく、天台座主《ざす》（比叡山延暦寺のトップであり、天台宗トップ）の覚恕法親《かくじょほっしん》王《のう》（正親町天皇の弟）は甲斐の武田信玄のもとに逃れ、その保護を受けたまま、ついに比叡山や京に戻ることはなかった。信長から比叡山トップとしての責任を問われることを恐れたのだ。

彼らの狼狽《ろうばい》は、精神的なものだけではない。

現実的な収入面においても彼らが困惑するような事態が起こった。

元亀二年（一五七一）十月、正親町天皇は甘露寺経元《かんろじつねもと》宛てに女房奉書《にょうぼうほうしょ》（女官が代筆する形で天皇の意向を伝える文書）を発行する。

「廬山寺《ろざんじ》の事、山門《さんもん》の末寺《まつじ》と号《ごう》し、明智違乱候《いらんそうろう》由聞《よしき》こし召《め》し候」

光秀が上京にある天台系寺院の廬山寺を「山門（延暦寺）の末寺」だと主張して、その寺領を没収したというのだ。

天皇は、それは事実ではなく、僧衣などの仕様も違うなど元から延暦寺の末寺などではない、と憤り、「違乱」だと言い切った。違乱とは、法や事実を違《たが》え、秩序を乱すことである。よく言い聞かせて返還させるように、と続ける。

延暦寺焼き討ち後、光秀は信長から滋賀郡の支配権を改めて与えられるのだが、それには延暦寺の領地を整理調査して没収する役割も含まれている。彼はそれを大義名分にして、強引にあの土地もこの土地も延暦寺の関係する土地だと吹っかけ、自分のものにしてしまったのだ。

天皇の怒りにも懲《こ》りない光秀は、十二月にも曼珠院《まんしゆいん》・青蓮院《しようれんいん》・妙法院《みようほういん》の三門跡領《さんもんぜき》を延暦寺の領地と強弁《きようべん》して「押領」したと弾劾《だんがい》されている。天皇からはまたも女房奉書が出された。

「今度諸門跡領、山領《さんりよう》（延暦寺領）と号し、明智押領の由聞こし召し候」

諸門跡は皇族や公家から支度して寺に入らせてた特別な存在であるのに、他と一緒くたにしてしまうとは余りにも嘆《なげ》かわしい、室町殿（将軍義昭）に抗議せよ、と天皇の怒りは激しい。

訴えを受けた義昭は、その後の措置も手ぬるい、「今に遅々として、油断の至り」となじられるのだが、天皇は信長へも綸旨《りんじ》（天皇の命令書）を発行している。叱られたうえ、その力を信用してもらえず頭越しに信長とやりとりされるのだから、義昭も立場が無い。

押領《おうりよう》の常習犯だった

一方、信長との交渉役を命じられた山科言継は十月十五日に岐阜へ派遣されたものの、信長の不在などで根気よく待たなければならなかった。二十八日になって言継はやっと信長に綸旨を渡すことができたのだが、翌二十九日、妙な出来事が起こる。

「戌刻《いぬのこく》、明智十兵衛尉、不弁《ふべん》たるべきの由申《よしもう》し、二百疋《ひき》送る」

なんと、夜の八時前後になって光秀は言継に対し、「（長期滞在で）何かとお手もと不如意《ふによい》でお困りでしょう」と、銭二〇〇疋（二貫文。現在の価値に換算しておよそ二〇万円弱）を送ってよこしたのだ。言継は仰天した。

この予想外の贈り物は、おそらく「ワイロ」であったろう。

光秀の押領行為は自己弁護できるようなものではなかったため、とにかく信長に対して自分を悪し様《あざま》に言わないで欲しいという意図で贈賄をおこなったのだ。

この時期、光秀は焼き討ちの後処理や京の政務で忙しい最中で、わざわざ岐阜へ下向して当日は信長の茶会へ細川藤孝とともに呼ばれているのだが、この怪しい動きを見ると、綸旨を手にした言継を追い掛けて信長の御前をつくろうのが一番の目的だったのではないかと思えてしまうではないか。

明けて元亀三年（一五七二）正月十日、ようやく京に戻った言継は信長から取り付けた返還誓約書を提出し、復命している（『御湯殿上日記《おゆどのうえにっき》』）。実に三カ月近くかかっての任務完了だった。

実はこの頃、同じようなトラブルは頻繁《ひんぱん》に派生している。信長のもとへ光秀の押領の件を交渉しに行った山科言継は、ついでに近江舟木庄《ふなきのしょう》（安曇川町《あどがわ》）の押領の件も解決するよう、また別の女房奉書を渡されていた。

　こちらは丹羽長秀らがやらかしていた押領事案で、他にも山城の国人御牧摂津守《みまきせっつのかみ》が石清水《いわしみず》八幡宮領の山城狭山《さやま》郷（久御山《くみやま》町）を違乱し、織田家からの再三の停止命令にも従わず、ついに信長がみずから「早々に違乱を停止さるべく」と直接命ずるに至っている。

　のちの光秀の組下には御牧景則《かげのり》や御牧景重《かげしげ》という人物の名が見えるが、「摂津守」はこの御牧一族のひとりだったと思われる。景重は幕府奉公衆であったから、摂津守も幕府には少なからず関係が深かったはずで、しかも御牧氏は下久世庄の北、現在の京都府久世郡久御山町を本貫《ほんがん》の地とするため、義昭から下久世庄の一職支配を与えられていた光秀とのつながりも容易に想像できる。

　永禄十一年（一五六八）の信長上洛以来、それまで畿内を牛耳《ぎゅうじ》っていた三好三人衆が去った後の山城国などでは、このように織田家関係者や幕臣たちによるどさくさ紛《まぎ》れの押領行為が相次いでいた。光秀の行為もその一部に過ぎないとも言えるが、それにしても彼がトラブルの元凶とされる頻度は高い。

幕臣の細川藤賢《ふじかた》と内藤貞弘《ないとうさだひろ》が丹波国佐伯《さえき》南北両庄の代官職の奪い合いをした際には、木下秀吉が調停に乗り出している。これも、押領・違乱の常習犯である光秀では同僚の幕臣に対して説得力が無いと信長が考えたとしても不思議は無いだろう。

光秀が決して朝廷や幕府という伝統的権威に対して従順でもなんでもない人物であり、幕府奉公衆をはじめとする幕臣の利益代表というよりもむしろ、率先して押領に奔走する男であったことは、疑いようの無い事実だ。固定化された光秀のイメージとはかなりかけ離れている。

はたして光秀の立場は強かった？

滋賀郡の領主、上山城、下久世庄（南山城）の支配者である光秀は、一方でまだ京の政務を担当する奉行としても活動している。

九月三十日、彼は織田家の島田秀満《しまだひでみつ》・塙《ばん》（原田《はらだ》）直政《なおまさ》、幕臣の松田秀雄と連署で洛中洛外に、

「公武の御用の為に段銭相懸《たんせんあいか》けらる事」

と題した触れを回す。公有・私有の区別なく、無条件にすべての田畠に一反《たん》あたり一升《しょう》の米を課すから、京二条《にじょう》の妙顕寺《みょうけんじ》に運んで来い、というのだ。続いて十月十五日の提出期限には次の命令書を発した。

「禁裏《きんり》様御賄《おまかな》いの為、八木京中《はちぼくきょうちゅう》へ預け置かれ候。但し一町に五石充《あて》たるべきの條《じょう》、此の方案内次第に罷り出で、八木受け取るべし。利平《りへい》（利息）は三和利《わり》たるべし。然して来年正月より、毎月一町より一斗二升五合充進納すべし。よって本米町中として永代《えいたい》預け置かるべきの状件の如し。

（元亀二年）十月十五日　明智十兵衛尉

光秀

嶋田但馬守

秀満

塙九郎左衛門尉
直政
松田主計大夫
秀雄
立売組中《たちうりぐみちゅう》」（「京都上京文書」）

「八木」は「米」の字を分解したもの。それを預け置くというのは、強制的な貸付である。

下京《しもぎょう》（京の南半分。商人街がある）の町人たちに対して一町あたり五石の米を貸し付けるから、来年正月からは毎月各町一斗二升五合（〇・一二五石、三割弱）の米を利息として上納せよと命じたのだ。そしてこの貸し付け米五石は「永代預け置く」のだから、永続的に利息を取るということになる。

上京《かみぎょう》（京の北半分で、上流階級の邸宅や高級名産品の生産拠点がある）でも同様に各町三・七五石を貸し付けられ、一・三五石の利息払いを命じられた。

これに対し、各町の月行事《がちぎようじ》（月交代で町の自治にあたる有力町人）は請書《うけしょ》を出し、貸し付けられた米を運用して収益を上納し、それが朝廷や幕府の費用に回されていく。実際に納められた利息米の半分は朝廷に入っており、残りの半分からは幕府にも回されたのだろう。

毎年一五六石の費用負担が発生するところを、最初に五二〇石を出して四年で減価償却し、後は支出不要にするという発想は非常に秀逸だ。

では、この発想は誰によるものなのだろうか。

筆者は、光秀ではないかと考えている。この連署状を見ると、日付の真下に署名がある。「書札礼《しよさつれい》」という当時の書状のマナーでは、目下の者に連署状を出す場合、日付の真下に署名する人物が最上位、そこから左に遠ざかって行くに従って下位になっていくから、光秀が奉行人の筆頭だったとわかる。

それにしても、三門跡領など皇室・公家関係者の収入源を奪う中でのこの施策はタイミングがあまりにも良すぎる。朝廷の費用（言うまでもなく人件費が含まれるだろう）を賄う収入を確保してやったのだから、少々土地を取り上げても問題無かろうという理屈で、光秀が発案して信長に進言し、責任者となって主導したというのが、前後の経緯を見ても自然なのではないだろうか。

永禄十二年四月以来、光秀は奉行人として複数の命令書に連署しているのだが、金ケ崎の退き口、比叡山焼き討ちを経て元亀三年（一五七二）前半までの連署状を見渡すと、面白いことに気がつく。前記では光秀は連署の序列が常に最下位となっているのに対し、後期は最上位となることが多い。

全体を通して見ると、丹羽長秀と木下秀吉が入れ替わりで最上位となり、信長馬廻の中川重政がこれに継ぎ、光秀が最下位。後期はメンバーが入れ替わって、前掲の京への米貸し付けと利息に関する命令状では光秀が最上位となり、文官の島田秀満、馬廻の塙直政、幕府奉公衆の松田秀雄と続いていく。

ただ、元亀三年（一五七二）四月の連署状では柴田勝家が最上位で、佐久間盛政、滝川一益と続き、最下位が光秀となっているから、織田重臣団の中では柴田勝家が筆頭で、次席の丹羽長秀は木下秀吉とほぼ等しい位置づけであり、譜代の佐久間、新参ながら長島一向一揆に勝利して北伊勢を与えられた滝川、その下に光秀という序列だったと思われる。光秀の地位は、まだまだ低いものだった。

だが、彼はこの後、持ち前の怜悧《れいり》さと手段を選ばない強引ぶりによって目を見張るような地位の上昇を果たすのだ。

資材も、人手も強引に投入して築城

滋賀郡を拝領した光秀が延暦寺領の没収と同時に手をつけたのは、坂本への築城だった。

元亀二年十二月、彼は比叡山の麓の町で琵琶湖に面する坂本に築城を開始する（『年代《ねんだい》記抄《きしょう》節《せつ》』）。三門跡領問題で身辺が落ち着かない中ではあったが、彼は比叡山の「山上の木まで切り取」ったと史料にある（『永禄以来年代記』）。城の完成を急ぎ、資材用として比叡山がハゲ山になるほど根こそぎ伐採したのだ。

そのうえ彼はこの工事作業のために領民たちにも総動員をかけたのだが、ここでまたひと悶着《もんちゃく》が持ち上がる。

「佐川《さがわ》・丹刈《たんか》・穴太《あのう》三ヶ所の人足《にんそく》来たらざるの由、唯今東衛門尉《ひがしえもんのじょう》方より沙汰《さた》を申し越し候。曲事《くせごと》（ゆゆしき行為）の儀に候。明日八日以前に来たらず候はば、普請所《ふしんするところの》過怠《かたい》として一倍あてべく候。その意を得、夜中になりとも人を遣《つか》はすべく候。滋賀郡丹刈在々所々《ざいざいしょしょ》一人も残らず罷《まか》り出《い》で候処、彼の三ヶ所不参の儀是非無き次第に候。陣《じん》夫《ぶ》などに出で候と申すべく候。それも大方罷り出づべき程に分別せしめ候。残る者共老若一人も残らず罷り出づべきの由、早々申し遣はすべく候。恐々謹言。

六月十一日　光秀（花押）

右郷中《ごうちゅう》」（『真田《さなだ》家文書』）

『真田家文書』を校注した米山一政《よねやまかずまさ》氏はこの書状を「元亀二年」に比定しているが、元亀二年の六月は延暦寺焼き討ち以前であるから元亀三年（一五七二）とするのが適当だろう。「明日八日以前」というのは、明日から十九日までの八日間を期限とするという意味か。

光秀はこの中で佐川・丹刈・穴太の人足が来ないことについて怒りを爆発させ、さらに遅れるならば二倍の割り当てにするから、夜中だろうと早急に出頭せよ、陣夫（合戦に従軍して運送や工事にあたる）に出ていると主張するだろうが、残っている老若をひとりも残らず出せ、と強い調子で言い渡している。

合戦の陣夫に出ている者の代わりに残っている老齢者や幼若の男を全部出せ、というのでは村には女しか残らない。六月十一日と言えば現在の暦では七月十三日にあたり、肥料やり、中干し（一度田から水を抜いて稲の根を丈夫にする）、害虫駆除とこなさなければならない農作業は多い。それを放棄しても来いというのだから、光秀の強権ぶりは相当なものだ。

こうした強引な作業進行の結果、翌元亀三年十二月には、早くも坂本城はほぼ完成にこぎつけていたらしい。城に光秀を訪ねた公家吉田兼見が「小天守《しょうてんしゅ》」の下で茶会を開いている。

兼見はこのとき別に「城中天守作事《さくじ》以下悉《ことごと》く披見《ひけん》」と「天守」の存在をも記している（『兼見卿記』）ので、坂本城は大天守と小天守が並立する造りだったと想定されており、宣教師ルイス・フロイスも「信長が安土山に建てた物に次ぎ、この明智の城ほど有名な物は天下に無い程であった」と絶賛したほどの雄大さを備え、湖水を城内に引き込み船の出入りができる構造だったという。

記録を調べてみたが、工期の間、近畿地方に旱魃《かんばつ》は無い。むしろ元亀二年の夏は伊勢で洪水が起こるほど近畿地方の降雨量は多かったから、琵琶湖は満水の状態だっただろう。湖水を治めながらの工事は多大な困難をともなったと思われる。光秀はその障碍《しょうがい》を、一定の時間単位に膨大《ぼうだい》な物資と人員を坂本に集中投下することで乗り越えたのだ。

坂本は比叡山の麓、文字通り「坂の下《もと》」であり、北国街道を扼し、広い範囲では北は比叡辻《ひえいつじ》、南は穴太を包含する。比叡辻は三津浜《みつはま》に隣接する船着き場で、馬借《ばしやく》（陸上運送業者）が集まる土地でもあった。穴太は言うまでもなく石垣積みの技術者集団の土地として知られる。

光秀は延暦寺の門前町として商業で栄える坂本に城を築くことで、比叡山の山林資源、比叡辻の水陸流通、穴太の先端テクノロジーと一体化した、総合都市開発を実現しようとしたのである。

この結果、彼の収入は大幅に増加することとなった。宣教師フロイスは信長が光秀に「比叡山の大学の全収入をも与えた。この収入は他の一国の半に超えた」と証言している（一五八二年のイエズス会日本年報追加）。

当時の大寺院は現代の大学に相当する学問の府だったから延暦寺を大学と呼んだのだが、光秀が没収した旧延暦寺領の収入が彼の領地となっていた他の一カ国の二分の一以上にのぼったという意味だ。

他の一カ国とは後に彼が与えられる丹波の国しかない。その石高は約二十六万石あまり（「文禄三年＝一五九四年時点、「此比《このごろ》諸国知行之高帳《たかちょう》之事」『当代記』）だから、延暦寺領は十三万石の収入という計算になる。そのうえに滋賀郡内の他の土地の五万石が加算されるから、上山城の約十一万石や下久世庄を合わせればざっと三十万石の軍役をつとめる力を得たと考えることが可能だ。

ここで彼は北伊勢（二十八万石ほどか）の滝川一益を押さえ、動員力で織田家トップに躍り出た。宇佐山城に入って以来延暦寺攻めを主導して来た彼の狙いは、みごとに図に当たったことになる。

参考までに、人夫を出さないのはけしからぬと激怒して名指しした三カ所の土地について言うと、佐川と穴太は滋賀郡大津の内で比叡山周辺だが、「丹刈」（おそらく旦《たん》過《か》の当て字だろう）は高島郡海津《かいづ》の内にある。北の海津まで光秀の指揮権が伸びていたということはあまり注目されていないが、かなり重要だ。

というのは、このあたりは浅井・朝倉の影響力が強い地域で、実際この後、光秀は海津方面に作戦を展開していく。だから敵地の旦過衆が人夫を出さないのもある意味当たり前だったのだが、光秀としては志賀郡の領主となった時点で高島郡の敵を排除し勢力を拡大していく許可を信長から得ていたということになる。

気になるのは、高島郡に移されていた磯野員昌との関係だ。前年二月に員昌が佐和山から高島郡に移ったことはすでに述べたが、それについて「己《おのれ》が知行処、西近江高島郡へ引退《ひきの》きける」と説明している史料がある。

『浅井三代記』がそれで、信頼性が高くないのが残念なのだが、地元の僧がおよそ百年後に地元の伝承などをまとめた軍記物だ。しかし、磯野員昌が高島郡に所領を持っていたというのは信用して良いのではないか。高島郡の所領安堵を条件として佐和山退城を呑んだと考えるのが自然だろう。

ということは、光秀が高島郡に進出しようとすれば、必ず土着勢力である員昌が邪魔になってくる。これが形になって現われるのは二年後のことである。

義昭のもとを離れるため、ワイロを送る

だが、光秀の力が信長の下で飛躍的に上昇していくのと反比例するかのように、もうひとりの主君、将軍義昭との間には軋轢が生じていた。

光秀の廬山寺領没収事件について幕府は朝廷から厳しく対応を批判され、善処を求められたのだが、義昭には調整と解決の能力が無く、頭越しで信長と交渉を進められて赤っ恥をかいたのはすでに述べた通りだ。

下久世庄の一職支配権や上山城の指揮権を与えたのは義昭であるのに、彼への奉仕は一向にせず、信長の配下として自分の力を伸ばすことだけに必死となっている光秀に対し、彼は不満を募らせていった。

十二月二十日、光秀は同僚の幕臣で義昭側近の曾我《そが》助乗《すけのり》に書状をしたためている。

「下京《しもぎょう》壺底《つぼそこ》分地子銭《ぶんじしせん》、両季に二拾壱貫弐百文、為合力進之《こうりよくとしてまいらせ》候、公儀御取成《こうぎおとりなし》以下頼《たのみ》
入《いり》候」

下京の壺底というのは左京四条《さきょうしじょう》の堀川通《ほりかわどおり》に面する壺屋町《つぼやちょう》（京都市中京区）だろうか。

その壺底の地子銭（土地に対する税金の一種）を、二回にわたり二十一貫二百文ずつ進呈しますから、公儀へのお取り成しをよろしくお願いします、という内容だ。

公儀とは義昭のことなのだが、では光秀は助乗にどんな件で義昭への取り成しを依頼したのか。

それは、同じ時期に書かれたと考えられる次の書状でハッキリする。

これも光秀から助乗に宛てた書状で、

「我ら進退の儀、御暇《おいとま》申し上げ候処、種々御懇志《ごこんし》の儀共過分《かぶん》忝《かたじけな》く存じ候、とにかくに行く末成りがたき身上の事に候間《そうろうあいだ》、直《ただ》ちに御暇を下され、頭《かしら》をも刮《こそ》げ候様に御

取り成し頼み入り存じ候。次にこの鞍作《くらつくり》にて候由候て、然るべき方より給わり置き候間進め入り候、御乗用に御用に立てられ候はば《わ》畏《かしこ》み入り存じ候」

というものだ。日付は記されていないのだが、内容から見て十二月二十日付けのものと前後して出されたものと考えられている。口語訳すると以下の通り。

「自分（光秀）の進退について、お暇乞《ご》いをしましたところ、いろいろと過分のお心遣いをいただきありがたく存じております。ともかくも将来の見込みが無い身の上ですから、ただちに辞職をお許しいただき、頭を剃って隠居できるようお取り成しをよろしく頼み入ります。次に、この鞍は調製させたものとのことでちゃんとした筋から貰っていたものですが、差し上げます。御乗馬の際にお使いいただければ幸いです」

金銭を贈って助乗に義昭への取り成しを求めた光秀は、上等の鞍も贈って義昭から暇を貰えるように奔走を頼み込んでいるのだ。

この頃、義昭は元亀元年一月の「五ヵ条の条書」の内容を無視し、ふたたび大友宗麟や島津義久《しまづよしひさ》、本願寺顕如、武田信玄、六角義賢（承禎）、上杉輝虎、毛利輝元《てるもと》らに御内書を送るなど外交活動を活発化させ、信長に対する自分の存在価値を相対的に強化しようと動いていた。朝倉義景・浅井長政をも巻き込んだ動きは「第一次反信長包囲網」と呼ばれる大連合となっていく。

義昭が光秀との軋轢を強めたのも、この流れに光秀が協力せず、それどころか高島郡に手を伸ばして浅井・朝倉の勢力を排除しようとしている光秀への怒りが激しかったのだろうが、光秀には光秀の計算がある。

信長と義昭では信長に勝ち目があるし、自分にとっても信長の方が利用価値が大きいと判断していた。ようやく得た信頼と地位を自分で破壊し、失うような真似は、今の光秀には考えられない。そのため、危ない橋を渡ろうとする義昭に引きずられて織田家での立場を危うくしないよう、曾我助乗を通じて義昭に暇を願い出ることによって、信長に自分の姿勢を明確に示しておこうと考えたのだ。

事実、このあと義昭は光秀の辞職を許さず、光秀は翌年七月まで義昭・信長に両属する身分のままで過ごすことになる。すでに信長を「殿様」と呼び、主君として仰《あお》いでいた光秀にとっては、義昭との決別意志をハッキリとアピールできればそれで良く、この時点での目的は果たしていたということだったのだろう。

琵琶湖《びわこ》の完全支配に向けた戦い

元亀三年正月、本願寺顕如は武田信玄に書状を発し、信長の背後を牽制《けんせい》するよう要請。同月、六角義賢（承禎）・義治《よしはる》父子は南近江の守山にある金ケ森《かねがもり》城・三宅《みやけ》城に一向一揆勢を籠もらせ、反・信長の兵を挙げさせる。浅井長政も木下秀吉の横山城を攻めるなど、織田家を取り巻く状況は厳しいままだった。

そんななか、信長は三月七日に北近江へ出陣し、小谷城の周辺を焼き討ちして浅井長政を挑発したが、浅井軍が出撃して来ないので方向を転じ、琵琶湖を北回りして西岸へ移動。十一日に滋賀郡北端の木戸《きど》城と高島郡の田中城を攻撃する。むろん、光秀もこの作戦に従軍していた。

光秀との因縁深い田中城はさておき、光秀の領内である滋賀郡にまだ反・信長勢力が残っていることは意外かもしれない。不満分子が南近江で起こした一揆と呼応したのだろうか。

いずれにしても光秀としてはこの際、一気に木戸城を陥《おとしい》れ、滋賀郡内の敵勢力を一掃した上で田中城まで手に入れたかったことだろう。七年前の田中籠城以来の宿願《しゅくがん》であった若狭街道・北国街道のもたらす富の支配を実現するには、どうしてもこの要地が必要だった。もっとも、このときまだ田中城は落ちなかったのだが。

五月八日、幕府は近江三井寺の光浄院《こうじょういん》暹慶《せんけい》を上山城の守護に任じる。

「三井寺の光浄院武家御所へ奉公せしめ、上山城守護職仰せ付けらる也」(『兼見卿記』)

かつて上山城の指揮権を与えた光秀に対する、義昭の痛烈な面当《つらあ》てだ。大人げないやり方とも言えるが、これがのちに光秀の運命を決定づける大きな一手となるとは、誰にも想像すらできなかっただろう。

ちなみに、光浄院暹慶は父が六角氏に仕える山岡景之《やまおかかげゆき》、母は和田惟政の娘。南近江の勢多城主山岡景佐《かげすけ》は兄のひとりである。暹慶は、このときに還俗《げんぞく》して山岡景友《かげとも》と名乗っている。

対する光秀の方はと言えば、こちらは着実に高島郡への手遣《てづか》いを進めていた。

十九日、曾我助乗宛てに、

「高島の儀、饗庭《あいば》三坊《さんぼう》の下まで放火せしめ、敵城三ヶ所落去《らっきょ》（落城）候て、今日帰陣せしめ候。然る処、林方《はやし》より只今此《こ》の注進《ちゅうしん》の如く候。然るべき様御披露《ごひろう》肝要《かんよう》候」

（高島郡で饗庭三坊の下まで焼き討ちし、敵城三つを陥落させて本日帰陣しました。そうしたところ、林から今ご報告している通りの動きがありましたので、適切に将軍へ披露して下さい）

と書き送っているが、饗庭三坊というのは高島郡日爪《ひづめ》の西林坊《さいりんぼう》、霜降《しもふり》の定林坊《じょうりんぼう》、五十川《いかがわ》の宝光坊《ほうりんぼう》（吉武城《よしたけ》）で、地元の有力土豪吉武氏の拠点だった。饗庭は田中城の北で、現在の高島市新旭町《しんあさひ》饗庭にあたる。また吉武氏は浅井長政から所領を宛行《あてが》われ、保坂関《ほうざかのせき》（高島市今津町《いまづ》）の関税収入の一部を与えられていたため、長政の下で反・信長勢力の最前線に立ち、抵抗していたのだ。

吉武氏に圧力を加えるため、饗庭三坊の麓あたりまで焼き討ちをかけた光秀が帰陣すると、打下城《うちおろし》（高島市）の林員清《はやしかずきよ》から何らかの申し入れがあったというのだが、それはおそらく織田方への帰服だったろう。

林員清は信長の上洛戦以降織田家によしみを通じ、前年に磯野員昌を佐和山城から高島郡へ移動させた際に舟を出した琵琶湖の水軍衆の一員だったが、それについて丹羽長秀は「磯野員昌が高島へ移る件について堅田衆《かたたしゅう》に舟の便宜を依頼したが、林員清のことを堅田衆は不安に思っていると思われるので、磯野員昌から林員清へ一札《いっさつ》を入れさせたから、御覧いただきたい」と記しており（「堅田村旧郷士共有文書」）、同じ水軍衆でも堅田衆が林員清の向背《こうはい》を疑っていたことが分かる。

このように完全には信長に従わず、浅井・朝倉と気脈を通じていた林員清が、光秀の調略と、北方の饗庭が攻められるなど孤立の恐れが出て来たことによって、ようやくハッキリと信長に帰服すると申し入れたのだ。

それを義昭に披露してくれというのは、八日に光浄院暹慶が上山城守護に任じられたことに対する、光秀の意趣返《いしゆがえ》しだったかもしれない。

こうして林員清は織田家に服従し、光秀の寄騎《よりき》に付けられたものと考えられる。打下は田中城の南、鵜川《うかわ》の北で、これによって光秀は田中城をはじめ高島郡への攻略の足がかりを得た。

六月二十七日には信長から員清に琵琶湖の北岸の焼き討ちが命じられている。織田軍は七月二十三日に余呉《よご》・木之本《きのもと》、二十四日に草野《くさの》と小谷城の近辺の一向一揆拠点に焼き討ちをかけているが、この作戦が信長から員清に命じられたものだったのだろう。

このときの模様を『信長公記』は次のように記す。

「海（湖）上は打下の林与次左衛門《よじざえもん》（員清）・明智十兵衛・堅田の猪飼野甚介《いかいのじんすけ》（昇貞《のぶさだ》）・山岡玉林《ぎよくりん》（景猶《かげなお》。景隆・景佐・景友の兄弟）・馬場孫次郎《ばばまごじろう》（堅田衆）・居初又次郎《いそめまたじろう》（同）仰《おおせ》付けられ、囲舟《かこいふね》を拵《こしら》へ、海津浦・塩津《しおづ》浦・与語《よご》（余呉）の入海《いりうみ》、江北《こうほく》の敵地焼払ひ、竹《ちく》生島《ぶしま》へ舟を寄せ、火屋（矢）・大筒・鉄炮（砲）を以て攻められ候」

光秀指揮下に堅田衆や林員清、山岡勢が水軍として付属し、湖上から焼き討ちをしてまわり、竹生島については囲舟（甲板《かんぱん》上に板をめぐらせ塀状に囲んで装甲した船）から火矢・大鉄砲・鉄砲で攻撃をかけている。

「大筒の妙術あり」と称えられた光秀としてはまさに腕の見せ所だったわけだ。

竹生島は、堅田衆と湖の水運権や漁業権を争う菅浦《すがうら》の水軍衆の勢力下にあったから、堅田衆としても士気は高かっただろう。菅浦は、琵琶湖の北に突き出す半島の先端にあり、湖上交通の要衝だった。

信長をも超える光秀の威勢

坂本においてはフロイスによって「安土城に次ぐ」と驚嘆された壮大な坂本城がその姿を現わし、完成に近づきつつある。高島郡にまで勢力を伸ばし、南近江の山岡氏までを指揮下に置いた光秀の権勢は、いよいよ高まった。

そして九月四日、次の書状が発行される。

「今度為勝龍《しょうりゅう》（竜）寺《じ》
城米《じょうまい》　領内之所々　諸
入組　信長被申付《もうしつけられ》候
雖然《けれども》　貴寺事者
異尓他《ほかにことなる》儀候　殊更《ことさら》以
明十《めいじゅう》　臨江《りんこう》　御理《おことわり》之
儀候間　上桂《かみかつら》　幷朝原《ならびちょうばら》
内　差置申《さしおきもうし》候　如先々
可有《あるべく》御寺納候　猶《なお》　宗及
可被申《もうされべく》候　恐惶《きょうこう》謹言」

これは二〇一七年九月一日に京都府長岡京市の教育委員会が新出史料として発表し

た書状で、宛所は切れているが細川藤孝がしたためたものである。内容は以下の通り。

「今回、勝竜寺の城米として御領内各地の権利関係が入り組んでいるところにも徴収をかけるよう信長様が命じられました。しかし貴寺は他とは異なる寺でもあり、とりわけ明十（明智十兵衛）・臨江斎（里村紹巴《さとむらじようは》）から配慮するよう要請があったので、上桂と朝原について免除します。今まで通り貴寺が収納していただいて結構です。なお宗及が報告するでしょう。恐惶謹言」

文中の「宗及」（読み方は〝そうぎゅう〟か）はその頃の東寺に同名の僧侶がおり、外部との交渉役として活動しているので、おそらく東寺に宛てたものだろう。

上桂は桂川西岸、洛外の上桂庄（京都市西京区《にしきよう》）、朝原はその南隣の下桂庄の一部で、現在の桂千代原町《かつらちよはら》あたり。特に上桂は鎌倉時代末期すでに東寺領となっており、その関係は深い。

里村紹巴は連歌師であり、貴族社会にも出入りする人物なので、藁《わら》にもすがりたい東寺関係者から泣きつかれたのだろう。

しかし、もうひとりの光秀はと言えば、かつて二年前に下久世庄の東寺領を違乱した張本人だ。彼の〝横槍《よこやり》〟が、東寺の依頼によるものだったとも思えない。

考えられるとすれば、上山城の指揮権（守護職は山岡景友に与えられたとはいえ）を持つ者として、その管理下の税収を藤孝に持っていかれたくないという底意があったと考えるのが妥当なところではないか。紹巴は光秀にとって連歌の師匠でもあるから、その紹巴に頼まれればちょうど良い。いかにも親切ごかしに藤孝へ申し入れるのに何の躊躇《ちゆうちよ》もなかったことだろう。

ただ、ここで問題となるのは、織田直轄領に対し、藤孝の勝竜寺城での備蓄米として複雑に入り組む権利関係を無視して米を賦課《ふか》しろ、と命じた信長の意向を、光秀が反対を唱えて藤孝に申し入れ、徴収をあきらめさせたという事実だ。

一般に、家臣が意に逆らうことを一切許さない人物と考えられている信長に対し、異を唱えられるほどの威望をこの頃の光秀が持ちつつあったという事実は、重く見なければならないだろう。

この前後のことと考えられるのだが、光秀の寄騎の佐竹出羽守宗実《さたけでわのかみむねざね》（のち明智秀慶《ひでよし》）という男が、土地や税金の関係で光秀と衝突することがあり、柴田勝家にその解決を依頼して断られている。


「明十と懸組《かけくみ》（揉め事）の儀、仰せ越され候、御心許《おこころもと》なく候。尤《もつと》も馳走《ちそう》申すべきと請《う》け申し候へ共、此方《このかた》にて手遠《てとお》に候間、不自由たるべく候。岐阜御そばに居られ候衆へ仰せ越さるるが尤もに候」（『岐阜県史史料編古代・中世補遺』・染谷光廣「織田政権と足利義昭の奉公衆・奉行衆との関係について」『織田政権の研究』吉川弘文館）

佐竹宗実は山城国愛宕郡高野《たかの》の国人領主だが、吉田兼見の義兄（双方の妻が姉妹）で本人は細川藤孝の従兄弟ということもあり、寄親《よりおや》（保護者）の光秀に対してあまり遠慮が無く、不満があればそれをすぐ行動に移したのだろう。

その宗実に対して、当時京に居て奉行をつとめていた勝家が、京周辺に関することであるのに岐阜の側近衆（御そば）に相談せよ、というのはおかしい。信長は岐阜、近江、京を頻繁に行き来するのだから。

勝家もこの揉め事に介入することで光秀の指揮系統を乱し、光秀との関係が悪化することを避けたかったのだろう。宿老筆頭の勝家をも遠慮させるだけの勢いが、この頃の光秀にはあったのだ。

話は変わるが、京と坂本をしきりに往復する光秀は、この後十五日に上洛し、施薬院全宗（徳雲軒《とくうんけん》）邸を宿所としている。

「明智十兵出京也、見廻《みまい》として罷向了《まかりむかいおわんぬ》。逗留《とうりゅう》徳雲軒也、」

と『兼見卿記』にある。兼見は全宗の屋敷に投宿する光秀に挨拶するため訪問したのだ。

施薬院全宗が医術に優れた人物だったことはすでに紹介したが、現在の京都市左京区上高野釜土《かまつち》町に屋敷を持っていたと考えられ、そこにある隣好院《りんこういん》の山号「徳雲山」

に名残りがある。この地は比叡山・坂本から京に入る玄関口に当たるため、上洛の際の装束《しょうぞく》替えなど何かと都合が良かったのだろう。かつて田中城で医術の知識を披露した光秀は、おそらく医術の縁で全宗とも親しくなっていたものと思われる。

信長と義昭を決裂させたのは光秀？

京に緊張が走ったのは、ちょうどこの頃のことだった。信長が義昭に「異見十七カ条」と呼ばれる要求書を突きつけたのだ（『尋憲記《じんけんき》』、『年代記抄節』）。

十七カ条は義昭について、朝廷への奉仕を怠っていること、改元《かいげん》費用を用意しないこと、信長に近しい幕臣や女官たちを遠ざけていること、諸国へひそかに御内書を発行していることなどをあげつらい、非難しているが、なかでも次の一文に注目したい。

「明智地子銭を納め置き候て、買物の代わり渡し遣わし候を、山門領の由仰せ懸けられ預け置き候者の方へ御押し候事」

明智光秀が、集めた京の地子銭を（資材などの購入の）代金精算に使ったところ、義昭が延暦寺領の町からの不法な徴収だとクレームを付け、差し押さえた、という意味になる。

延暦寺領の没収は、信長から光秀に与えられた権利であり、任務である。それを否定した義昭に対し、光秀は信長にその不当性を訴えたのだ。こうなるともう光秀と義昭の関係は完全に修復不可能だろう。

実はこの頃、義昭は甲斐の武田信玄が期待に応えて西上の軍を起こすという情報を把握していた。

主導したとまでは言えないものの、扇の要《かなめ》として反・信長勢力の団結の象徴となっていた義昭は、すでに信長との全面対決を予定していたのだ。言うまでもなく信長にも信玄の動きは耳に入っている。

『信長公記』には「異見十七カ条」を示された義昭が「金言御耳に逆《さか》う候」と怒りをあらわにしたことが記録されているが、これは両者が完全に決裂するためのセレモニーのようなものであり、信長は義昭が怒るのを予想していたし、義昭も自分が怒るであろうと信長が考えているのを知った上で敢《あ》えて怒ってみせたに過ぎない。

そして、そのセレモニーを演出したのは、義昭の不法を信長に訴えた光秀だった。反・信長包囲網の扇の要となっている義昭を排除して、武田・本願寺・浅井・朝倉・六角などの大義名分を取り上げてしまいたい信長だが、立場上は将軍の臣下であることは違いない。義昭を表舞台から引きずり下ろすにはそれなりの理屈付けが必要だ。朝廷への奉仕の怠慢などと合わせて、光秀はそれを信長に提供したのだ。信長と義昭の決裂は光秀によるものだったとしても決して無理はない。

果たして直後の十月三日、信玄は甲府《こうふ》を出陣し、遠江《とおとうみ》（静岡県西部）に入る。二カ月後の十二月二十二日、三方原《みかたはら》（浜松《はままつ》市北区）の戦いで織田・徳川連合軍は武田軍の前に大敗を喫した。

これに気をよくした義昭は、明くる元亀四年（七月二十八日に天正へ改元、一五七三）二月六日に山岡景友・山岡景佐・渡辺昌《わたなべまさ》・磯谷久次《いそがいひさつぐ》ら南近江・上山城の幕臣たちに命じて石山城《いしやま》（滋賀県大津市）・今堅田城《いまかたた》で打倒信長の兵を挙げさせると、十五日頃には

自身も二条御所に籠城した。これに対して信長は、なおも将軍を討つことの悪評を考えて人質を提出し、説得につとめたが、

「信玄三、四万人を率いて信長に近づき（攻め寄せ）、又越前の王（朝倉義景）は信長もし（二条御所に攻めて）来たらば二万の兵を以て背面を襲うべしと公言し、多方面よりは三好殿（河内高屋城の三好義継）及び大坂（本願寺）一万五千人を率いて来たらん」（フロイス書状『耶蘇会士《やそかいし》日本通信』）

と豪語する義昭は、かまわず籠城を続けた。

しかし、彼は肝心の信玄が三方原の戦いの後に病を発したことを知らない。そのうえ朝倉軍も十二月三日に兵を越前に引き揚げたまま、ふたたび軍勢を動かすことは無かった。

二月二十日に岐阜を出陣した信長は石山城を攻め落とすと、続いて二十九日今堅田城に兵を進める。今堅田は堅田のうち最後に成立した「新堅田」で、猪飼野氏ら堅田

衆が信長支持だったのに対し、反・信長派だった。

この戦いでは、丹羽長秀と蜂屋頼隆が陸上から攻め、光秀はまた囲舟を用意し、湖上からの攻撃を担当している。前回同様に火矢・大筒・鉄砲が威力を発揮したのだろう、今堅田城は攻撃開始から四時間ほどで、

「明智十兵衛攻口《せめくち》より乗破《のりやぶ》り訖《おわんぬ》」（『信長公記』）

とあっけなく陥落し、高島郡・滋賀郡はほぼ落ち着きを取り戻した。光秀は坂本城で戦後処置をおこなうこととなる。

五章　織田家中《かちゅう》の筆頭格へ伸《の》し上がる

京、炎上

元亀四年（一五七三）三月二十五日、信長上洛。その際、逢坂《おうさか》で出迎えた人物がいた。細川藤孝と摂津茨木《いばらき》城主の荒木村重《あらきむらしげ》だ。

細川藤孝は以前から信長に対し、ひそかに京とその周辺の情勢を事細かに信長へ報告している。

「五畿内・同京都の躰《てい》、一々聞き届け候、度々《たびたび》御精《ごせい》に入れられ候段、まことに以て満足せしめ候」（藤孝宛て信長黒印状《こくいんじょう》、「細川家文書」）

籠城する義昭を見限り、信長への従属を表明するために逢坂へ赴いたのだが、義昭を将軍の座につけた功労者藤孝が信長支持を公式に表明したのは、義昭を敵に回した信長にとって非常にありがたいことだった。

幕臣時代の藤孝は常に光秀の上位者だったが、信長の下で三十万石以上の動員力を備え、藤孝の徴税をも阻止できうる立場となった光秀との、織田家臣同士としての新たな関係が、ここから始まるのである。

ちなみに逢坂は、大津から山科へと抜ける道の峠。

四月四日、信長、上京に放火。二条御所に籠もり続ける義昭を威嚇《いかく》するための軍事行動による火は、上京だけでなく二日からは桂（桂川の西）や嵯峨野《さがの》、賀茂（鴨川の北東）が焼き立てられている。焼き討ちの総司令官は柴田勝家《しばたかついえ》（『耶蘇会日本年報』）、そして賀茂に放火してまわったのは光秀と藤孝に率いられた軍勢だったという（『元亀四年筆記』）。暇乞いをしてから二年、光秀はここでハッキリと義昭の敵となり、完全に信長の家臣となったのだ。

『兼見卿記』などによれば、焼き討ちに乗じて略奪などに奔《はし》る織田兵に盗賊まで加わり、京は「町人・地下人《じげにん》殺害数を知らず」という惨状を呈したという（町人は資産家、地下人は庶民を意味する）。

これに少なからず光秀も加担しているわけで、また湖北の焼き討ちなど彼の行跡《ぎょうせき》を見ても、比叡山延暦寺の焼き討ちに限って信長を諫止《かんし》したなどあり得ない話であることが分かるだろう。

洛中洛外の大炎上にたまりかねた義昭は信長と講和を結ぶ。折から、東では武田信玄が十二日に三河国野田《のだ》城の戦いから甲斐へ引き揚げる途中の信濃国伊那《いな》郡駒場《こまんば》で病死。反・信長包囲網の活動は、頓挫《とんざ》したのだった。

しかし信長は、義昭がふたたび自分に敵対するだろうことを予想していた。二条御所を修復し、本願寺顕如と連絡し、毛利輝元に兵糧米《ひょうろうまい》を無心するなど、義昭の策動はあからさまである。案の定、七月三日になると彼は二条御所を三淵藤英《みつぶちふじひで》らに守らせて自らは宇治の槇島《まきしま》城に移り、ふたたび打倒信長の兵を挙げる。

これに対する信長の対応は準備万端で、七日に信長本軍が坂本に到着し、八日に先陣が京に着陣、信長も九日には妙覚寺《みょうかくじ》に着陣している。この織田軍の中に、坂本で合流した光秀もいたらしい。

十二日、二条御所を守る三淵藤英が城を明け渡す。かつて信長が義昭のために築いた城館は即座に取り壊され、「洛中洛外取り放題也」(『兼見卿記』)と京の内外の諸人が廃材を取るに任せられた。

身内の吉田兼見《よしだかねみ》を裏切る

そして十四日になると、変わった出来事が起こる。吉田兼見が住まう吉田山《よしだやま》に珍しい顔ぶれが集まったのだ。

彼らの名は、柴田勝家、羽柴（木下から名字を改める）秀吉、滝川一益、丹羽長秀、松井友閑《まついゆうかん》（元幕臣。信長の右筆をつとめる織田家のトップ吏僚）、前波吉継《まえばよしつぐ》（元は朝倉義景の重臣。前年、織田方に寝返っていた）。織田家の譜代・外様新参を代表するような、錚々《そうそう》たるメンバーだ。

思いがけない織田家重役連の集合、しかも時刻は早朝である。驚いた兼見が屋敷から飛び出して事情を尋ねると、彼らはこう言った。

「当山御屋敷に然《しか》るべきの由、明智御前《ごぜん》（信長）に於いて申す也。然る間信長より仰せ付けられ見に来たるの由申《よしもう》され了《おわんぬ》」

光秀が信長に、この山を京における信長の本拠となる城館にされてはどうかと進言したため、自分たちが信長から実際城館の地として適しているかどうかの検分をするよう命じられて来た、と言うのだ。

これには兼見も仰天した。

なにしろ吉田山は、兼見が主宰し、全国の神社をほぼ傘下《さんか》に収める吉田神道《よしだしんとう》の中心、吉田神社が鎮《しず》まっている。いわば聖地である。兼見はこの山の木一本切り出すのにも厳しいチェックをおこない、時には権力者の要請であっても断ることすらあったから、その山に世俗の城砦《じようさい》など造られてはたまったものではない。それにもし万一、城が攻められるようなことにでもなれば、吉田神社ももろともに破壊され、焼き討ちされるのは目に見えている。

しかし、兼見が検分の終わった勝家らに「それで、信長様のお気に召しそうですか」と恐る恐る尋ねると、

「中々御屋敷に成し難し。安堵《あんど》すべし」

(城館とするには予想以上に適していない。安心なされよ)

と答えが返って来た。彼らも兼見の内心が分かっていたのだろう。このあたりは何とも皮肉とユーモアを感じる。結局、この件は沙汰止みとなり、兼見は「仕合わせ祝着《しゆうちゃく》〳〵（良かった良かった）」と喜びの言葉で日記の最後を結んでいる。

それはともかく、光秀が吉田山に信長の城館をと提案し、それが実現しなかったという経緯は検討の価値がある。

そもそも吉田山は現在の京都大学吉田キャンパス本部の東側、金戒光明寺《こんかいこうみょうじ》の北側に位置する標高一〇五メートルの独立した丘で、東山の連峰からは一歩離れて京の市街地に進み込む立地となっている。このため、禁裏や二条御所にも近い。独立丘だから防御にも適しており、城館とするには最適地なのではないか。

それにも関わらず、勝家らは「不適合」との判定を下したのはなぜなのか。

これは宣教師フロイスが本能寺の変の後で記した光秀評なのだが、

「殿内（織田家中）にあって彼は余所者《よそもの》であり、外様の身であったので、ほとんどすべての者から快《こころよ》く思われていなかった」（フロイス『日本史』）

と、光秀が信長の御殿の中で孤立していたことを証言している。そして、それでも光秀が織田家中で力を持っていたのは、彼が誰よりも信長に貢ぎ物を贈るのを怠らず、信長の歓心を買うためにあらゆることを調べ尽くしていたからだ、と付け加える。

むろん、光秀の才略や優れた築城術などを認めた上なのだが、仮にこのような評価を受ける人物が同僚にいたら、さぞかし鬱陶《うっとう》しく、小賢《こざか》しく、鼻持ちならない奴と感じるだろう。上司の覚えはめでたいのだから、余計《よけい》癪《しゃく》に障《さわ》るに違いない。

というわけで、吉田山城塞化案〝却下〟の底の部分には、光秀に対する反感があったのではないだろうか。

繰り返すが、吉田山は比叡山・坂本への通路にも当たる。仮に義昭支持派が近江滋賀郡・高島郡と光秀の責任管理下でまた大規模に蜂起するようなことがあれば、織田の大軍が鎮圧に向かうのに便利な位置にある。

光秀自身も坂本から上洛する際、さらに北の施薬院全宗屋敷を宿所としたことはすでに紹介したし、賀茂に陣所《じんしょ》（宿営地）を構えたこともある。四月の焼き討ちで賀茂方面を担当したのも、その地理関係で見れば合理的な配置だった。

何よりも、坂本からの通行に便利な吉田山に信長が本拠を定めてくれれば、より一層親密に接して信長の歓心を買うこともできる。それが、これから幕府という後ろ盾を失うだろう自分を護《まも》る唯一の方策でもある。

勝家たちは、こうした光秀の思惑《おもわく》を十分に悟り、片腹痛《かたはらいた》く思うとともに、これ以上彼の勢威が高まるようなことがあってはまずいと全員で結託し、光秀の提案を葬《ほうむ》り去った。その意味で、この出来事は織田家重臣団内部での光秀の孤立ぶりをうかがわせるものだった。

また、ここで光秀の重大な性格上の欠陥もあらわになっている。

吉田兼見は光秀の寄騎佐竹宗実の義兄弟であり、兼見自身頻繁に光秀を訪ね、坂本城の竣工後に城内を案内されるなど極めて親しい仲である。にも関わらず、兼見の拠《よ》り所である吉田山を信長の城館にしてしまおうというのは、あまりにも人情に欠ける話ではないか。

フロイスは前掲の評価の際に「（光秀は）裏切りを好み、残酷」とも書き加えている。

目的のためには日頃の付き合いも平気で切り捨てる。そんな非情さが、光秀にはあった。そしてそれはこの後、くっきりと彼の表面に現われてくるのだ。

念願の田中《たなか》城獲得

七月十七日、信長が義昭の籠もる槇島城へ出陣。

翌十八日には攻撃を開始する。

光秀は佐久間信盛・丹羽長秀・羽柴秀吉・荒木村重・細川藤孝らとともに攻撃軍に加わっており、川下の城の東側から攻めかけた。城内には三七〇〇以上の兵がいたというが、歴戦の織田軍に敵《かな》うべくもない。

明くる十九日、義昭は二歳になる息子の義尋《ぎじん》を人質に入れて城を出、近くの枇杷《びわの》庄《しよう》城（京都府城陽《じようよう》市）を経て河内若江城の三好義継のもとへと退去する（『年代記抄節』

ほか)。

秀吉がその護送にあたったが、「御物《ぎょぶつ》落とし取る」(『二条宴乗日記《えんじょう》』)と義昭一行は強盗に襲われ、家財を奪い取られる有様で、皆が義昭を「貧報(乏)公方」と指差して嘲《あざけ》り笑ったと伝えられている(『信長公記』)。

光秀のかつての主君はこうして京を追われ、やがて堺にしばらく滞在したあと、紀伊国から備後《びんご》国の鞆《とも》(広島県福山市)へと移り、毛利氏の保護を受けることとなる。みずから縁を切ったとはいえ、かつての主君義昭が京を去ったとき、光秀が織田家重臣たちからも完全に孤立していたというのは、皮肉という他はない。

しかし、それもこの時期の光秀にとっては大した問題とは映らなかった。それよりも彼には目の前の課題の方が重要だったろう。

信長は義昭の残党を掃討するべく槇島開城の翌二十日には早くも軍勢を山城へ動かしていた。二十三日に京の北郊一乗寺砦《ほっこういちじょうじとりで》の渡辺昌・磯谷久次が城を明け渡す。昌は本拠の田中構《たなかがまえ》に退去してさらに抵抗を続けるが、これも降伏。さらに静原山城の山本実尚を攻撃した。

堅い守りを誇る静原山城はすぐには落ちない。信長は光秀に城の押さえを任せると、近江へ転進していった。

光秀にとって実尚は「光秀に対し別心《べっしん》」（『兼見卿記』）と、渡辺・磯谷と同様にかつて光秀の寄騎だったにも関わらず、義昭に従って光秀に背き、この城に立て籠もった憎い相手である。だが、光秀は憎悪に任せて無理攻めをするようなことはしない。周囲に焼き討ちをかけた後は根気強く包囲戦に移り、九月末から十月初め頃には遂に城を落としている。

『信長公記』によれば「調略を以て生害《しょうがい》（自害）させ」とあるから、城内に内応者を出させて城を乗っ取るなどして自害させたか、助命を条件にするなど実尚をだまして誘い出し、無理矢理切腹に追い込んだかのいずれかと思われる。

まさにフロイスが「謀略を得意とし、忍耐強く、計略と策謀の達人」と記録した通りのやり方で、光秀は実尚を死へと追いやったのだ。

ちなみに、この作戦行動にあたって、光秀は出陣前日の二十三日に吉田山の兼見屋敷に泊まっている。

つい先日、吉田山を信長の城にと進言して兼見に恨まれているはずであるのに、平気で宿にするとは厚かましい。本人としては、義昭派の掃討には吉田山が拠点として最適と判断しただけであって、それが採用されなくても自分はこの最適地で軍勢を整えて行くのだ、とアピールしたのではないだろうか。

ある意味、偏執《へんしゅう》的な部分が彼にはあったのかもしれない。一旦正しいと信じたことには、とことんこだわる。翌日早朝に静原山城攻めへ向かって行った光秀がどんな表情を浮かべていたか、想像してみるのも面白い。

さて、静原山城を光秀に任せて近江に進軍した信長だが、こちらは二十七日に京を発《た》つと坂本に入り、そこから高島方面へ大舟を使って移動した。水陸両面からの激しい攻撃によって滋賀郡木戸城・高島郡田中城の敵は退散し、両城は光秀に与えられる。

木戸城については二月十四日に光秀が配下の革島忠宣《かわしまただのぶ》に対し、木戸での戦功を賞する書状を送り、長い間光秀を悩ませていた拠点であったから、彼も心底安堵したことだろう。

そしてそれ以上に、永禄八年（一五六五）以来、田中城がふたたび光秀の人生の一部となったことは非常に重要な画期となった。

二十八日、元号は改められて天正の世が始まる。

高島《たかしま》郡独占に執念を燃やす

ところで、この義昭追放の前後、近江国高島郡では磯野員昌が信長の甥津田信澄《おいつだのぶすみ》を養嗣子《ようしし》（養子の跡継ぎ）として迎え入れさせられたという。

信澄は信長に叛《そむ》いて殺された信勝《のぶかつ》（信行《のぶゆき》）の子なのだが、「異風人」とも「一段傑物《いちだんのけつぶつ》」とも評されているから、伯父の信長に似ていたところがあるのだろう。その信澄が員昌の養嗣子となったのだ。

もっとも、『浅井《あざい》三代記』には員昌が二年前、佐和山から高島郡へ移った際に「おきく」という人質が信長から提供され、体裁上養子という扱いにされたとある。「後（の）織田七兵衛《しちべえ》殿と申せしは、この人質なり」と話は続くが、「おきく」は『絵本太閤記《たいこうき》』にも「於菊丸《おきくまる》」として登場する信澄その人だ。『丹羽家譜伝《ふでん》』もこのときすでに信澄は養嗣子となったとしている。

軍記物や読み物、後世の編纂家伝《へんさんかでん》の記事ではあるが、『兼見卿記』の天正四年（一五七六）一月十八日にも信澄が高島郡から上洛するという記事があるから、それ以前に彼が高島郡に居たことは間違いない。

それに、信長は伊勢の北畠《きたばたけ》氏と講和する際も次男の信雄《のぶかつ》を北畠具房《ともふさ》の、神戸具盛《かんべとももり》との和睦でも三男の信孝《のぶたか》を、それぞれ人質の意味も合わせ持つ養嗣子として入れているから、信澄についても同じ方式で「人質 兼 養嗣子」として磯野氏に入ったという可能性は十分にある。

田中城を与えられた光秀にとって、高島郡の磯野員昌が目障《めざわ》りであることは間違いない。その員昌の養嗣子として高島郡に居る信澄という信長の血縁者の存在を、彼は意識し始めたものと思われる。

八月二十日、信長は越前に侵攻し、朝倉義景が滅亡。光秀がこの合戦に参加したという史料は無い。『明智軍記』に至っては、信長から「お前は越前の案内者だが、西近江支配を優先して高島郡を平定せよ」と命じられて重臣の明智秀満《ひでみつ》を代わりに越前侵攻軍に加えたとしているが、これは事実ではない（彼が高島郡支配に意欲を燃やしていたのは事実だが）。

その判断材料になるのが、光秀が二十二日にしたためた次の書状だ。

「今度竹身上《たけのしんじよう》の儀に付て御馳走の段、祝着せしめ候。恩賞として百石宛行《あてがい》候。全く御知行有るべく候。

明知（智）十兵衛尉

天正元

八月二十二日

服部七兵衛尉《はつとりしちべえのじよう》殿」（『武家事紀』）

少し長くなるが、この宛先の服部七兵衛尉について書いておこう。

七兵衛尉は始め服部氏を名乗り、次に野村七郎五郎と名乗って朝倉義景に仕えた。

永禄九年（一五六六）十月四日、加賀国江沼《えぬま》郡横北口《よこぎたぐち》で一向一揆との戦いに功を挙げ、九日付けで朝倉義景から「野村七郎五郎」名義で感状を与えられている（「野村文書」）。

越前攻めの案内役を務めた前波吉継はこの直後に信長から越前国守護代に任じられるのだが、七兵衛尉は義景滅亡直後に前波を頼って家臣となったらしく、朝倉家臣としての名を信長に憚《はばか》って一時的に服部七兵衛尉と名乗ったのかもしれない。すぐ野村七郎兵衛尉と改名。のち（前波氏が死んだ直後か）光秀に仕え、七〇〇石を与えられたという。

光秀滅亡後の天正十一年（一五八三）、前田利家《まえだとしいえ》家臣となって越前府中に戻り、同十八年（一五九〇）北条氏征伐の武蔵八王子《はちおうじ》城攻めで討ち死に。『村井重頼《むらいしげより》覚書』、『三壺記《さんこき》』に戦死者のひとりとして「野村伝兵衛」、『北藩秘鑑《ほくはんひかん》』に同じく「千石　野村七兵衛」とあるのが彼のことだ。この野村伝兵衛（七兵衛尉）信貞の子孫は代々前田家に仕え、その屋敷は今も金沢市の長町《ながまち》武家屋敷跡に残って観光の拠点となっている。

話を戻す。この七兵衛尉が光秀がかねて見知っていた「竹」という人物について世話をしたことがあり、それに対する礼として光秀が一〇〇石の知行を宛行《あてが》うと申し送っているのだ。この日付から見て、彼も越前攻めに従軍していたと見るべきだろう。ただ、彼の場合は堅田衆などの水軍で琵琶湖上から牽制し、後続の軍勢として越前入りしたものと思う。

このあと光秀は羽柴秀吉・滝川一益とともに越前の戦後処理の奉行人をつとめるのだが、その署名順位は光秀が常に最上位、続いて秀吉、最後に一益となっている。この時点で光秀が一番手であるのは、その動員力が他のふたりを抑えて織田家トップである以上、当然だ。光秀は名実ともに宿老衆に次ぐ地位を手に入れていた。

一方、光秀が越前で戦後処理に追われている間も山城国静原山城の包囲は続けられている。二十四日に城が落ち、山本実尚が自害させられたのはすでに述べた通りだ。光秀や秀吉らは越前奉行の職務をこなしながら畿内と忙しく往復していたようで、少なくとも九月十九日・二十日まではその状況が続いていたことは彼らの越前奉行人としての連署状が残っていることで確かめられる。

二十五日付で光秀が静原山城攻略成功を伝える書状の中で「爰元《ここもと》取り乱れ」（こちらは落ち着かない、忙しさで混乱している）と記したのも無理はない。ちなみに、この書状の宛先は野村七兵衛尉、すなわち服部七兵衛尉だ。

彼と竹の一件から考えても、かつて光秀が越前と深く関わり、人脈を築いていたことがよくわかる。

九月一日に浅井長政滅亡し、武田信玄の死、足利義昭の追放、朝倉義景の滅亡を経て浅井氏も敗れ去ったことで、反・信長包囲網は完全に崩壊した。

ライバル秀吉の躍進に焦《あせ》る

長い間、横山城にあって浅井氏と対峙《たいじ》して来た羽柴秀吉には、恩賞として坂田《さかた》・浅井・伊香《いか》の江北《こうほく》三郡を与えられる。光秀に続き、秀吉が大名・城主に昇進させられたのだ。この三郡の合計石高は十二万石程度だが、領内には信長方に寝返った者の領地もある（例えば阿閉貞征《あつじさだゆき》）ので、実際にはそれよりも少ない。光秀の動員力はその三倍に及んでいるのだが、光秀はかなり焦《あせ》りを感じたことだろう。

それはなぜか。北近江三郡を与えられたことよりも、九月七日に秀吉が中国地方の毛利輝元に対して書状を送ったことに、その理由はある。

毛利氏は河内若江に亡命している将軍義昭（京を追放されても彼は現職の将軍のままだった）が自分を頼って来るのを信長との関係悪化を避けるために避けたいと動いており、義昭を京に戻すべく織田家と交渉していたのだが、その窓口が秀吉だった。彼は以前にも小早川隆景と通信しているが、その外交チャンネルはずっと生きていたのだ。

「公方様（義昭）帰洛の件、試みに信長様へ言上したところ、ご同意なさいました。こちらは拙者にお任せください」（「毛利家文書」）

外交窓口のことを「取次」、「申次《もうしつぎ》」、「指南」などと呼ぶ。この職務は、平常時は文字通り外交交渉を受け持ち、相手と敵対に及んだ際には外交人脈を活かして敵内部に調略を施し、また合戦の際には先鋒をつとめるなど責任も大きいが、見返りも大きい。

秀吉が対毛利家外交を担当し続けていけば、毛利氏が支配する瀬戸内海流通ネットワークについて、織田側の権益は秀吉が一手に収めることになる。また、織田・毛利の決裂の際には先頭に立って戦い、毛利家滅亡の暁にはその大阪図《だいはんと》の内から広い領地を与えられるだろう。

光秀はこの可能性に怯《おび》えた。秀吉を凌駕《りょうが》し、勝家さえ遠慮するほどの権勢を得た彼だが、吉田山の一件のように家中での孤立状態は明らかで、秀吉が毛利氏との関係で躍進すれば自分の地位も危うくなる――。

もうひとつ加えておくと、この年、秀吉は信長から筑前守の官途名《かんどな》（非公式な受領名《ずりょうめい》かもしれない）を名乗ることを許されたともいう。筑前国は太宰府《だざいふ》があるが、秀吉がなぜこの名を頂戴したかが問題だ。毛利氏の取次となった秀吉は、中国地方の向こう、九州の外国貿易の一大拠点までをも視野に入れていたのではないか。このスケールの大きさも、光秀にとっては驚異すべきものだったに違いない。

婚姻戦略で畿内《きない》に縁戚《えんせき》を巡《めぐ》らす

焦燥《しょうそう》のなか、光秀は天正二年（一五七四）を迎えた。この年一月、彼は前月に信長に降伏した松永久秀（義昭に呼応していたが、奈良の多聞山《たもんやま》城とともに名刀不動国行《ふどうくにゆき》・薬研藤四郎《やげんとうしろう》を献上して赦免《しやめん》された）の後始末のため多聞山城に在番した。

『系図纂要《さんよう》』などによれば、この月十七日に彼は信長の命によって息子の定頼《さだより》を大和の筒井《つつい》順慶《じゆんけい》へ養子に入れたという。

これは『明智軍記』、『増補筒井家記』に「十次郎」と書かれているものと同一人物だが、『明智軍記』は天正六年（一五七八）のこととし、一次史料で十次郎の存在は確認できない。ちなみに、「明智系図」には四男（？）の「十内《じゆうない》」が順慶の養子定次の養子になったともあり、この十内は重臣秀満のことと記されてもいる。

また『考証織田信長事典』（西ヶ谷恭弘、東京堂出版）では同じくこの月に娘ふたりを細川忠興、津田信澄にそれぞれ嫁がせたとしている。

このうち、忠興に嫁いだのが玉子《たまこ》、のち細川ガラシャと呼ばれて有名になる女性で、信澄に嫁いだのはそのすぐ上の姉ともすぐ下の妹とも伝えられるが、『明智軍記』が天正七年一月のことと説明しているのと行き違っている。

あるいは、以上の矛盾は『綿考輯録』に天正二年正月、信長が「明智光秀の四男を筒井主殿入道殿《とのものにゆうどう》（順慶）養子とし、光秀の娘を織田七兵衛信澄に嫁すべき由」、「与一《よいち》郎《ろう》君（忠興）光秀の息女御縁約の事」を命じたとする説をとれば、一気に解決するのかもしれない。婚約だけさせておいて、後で実行するという形だ。

玉は永禄六年（一五六三）生まれだから当時はまだ満十一歳。信澄に嫁ぐ娘が玉の妹だとすると、さらに若い。また十次郎定頼が実在していたとすると、これも光秀嫡男の十五郎（光慶《みつよし》）の生年とされる永禄十二年（一五六九）より遅い誕生であり、玉らよりもさらに若い。

この時点では婚約にとどめ、のち年齢が長《た》けてから実際に養子入りなり、輿入《こしい》れなりをおこなうという手順を踏むのは、当時珍しいことではなかった。

さらに、「明智系図」にはもうひとつ、光秀の娘のひとりが筒井定次の妻になったとも記されている。これは光秀の娘を信長の養女として定次の正室としたともいい（渡辺江美子「織田信長の息女について」『国学院雑誌』八十九巻十一号所収）、その名を「秀子」（読み方不明。〝ひでこ〟か？）と伝えられている。

各種の織田系図に定次に嫁いだ秀子が記されていないところをみると、他の者の娘を養女にしたというのは当たっているのではないだろうか。

この婚姻は天正三年（一五七五）二月十七日に輿入れがおこなわれ、「美々《びび》しき事也、都鄙《とひ》の見物衆事々《ことごと》しき」と『多聞院日記』に記録されている。

もしこれが光秀の娘だとすれば、この時期、彼は信澄と定次に嫁ぐ娘、この二重の縁で信長の一門的な立場を得たことになる。

ただ、『寛政重修諸家譜《かんせいちょうしゅうしょかふ》』、『筒井補系』を見ると、定次の正室は信長の娘とされてはいるものの、その子順定《じゅんてい》が慶長六年（一六〇一）生まれとなっているから、光秀の娘が信長養女として定次に嫁ぎ、産んだとするには無理があるのではないか。

十内が筒井定次の養子になったというのも、十内こと明智秀満がのちに光秀の娘倫《りん》子《こ》の夫となっている（倫子は荒木村次と離縁し、秀満と再婚）ことにより両者が縁戚関係だったことが影響しているのかもしれない。

ここで名前が出たついでに触れておこう。荒木村次《むらつぐ》のことである。彼は荒木村重の長男で、毛利・本願寺と結んだ父とともに天正六年十一月信長に叛《そむ》くのだが、光秀は丹波平定を完了した直後の天正七年九月後半から十月頃に荒木方の有岡城《ありおか》（兵庫県伊丹市）と交渉して倫子を村次から離別させ、手元に引き取っている（『立入隆佐記』）。

天正六年十一月以前に荒木村次が光秀の娘を娶《めと》っていた事実は、細川忠興、筒井順慶・定次父子、織田信澄との縁組がこの年に取り決められ、天正六年以降可能になったものから随時実行されていったと考えれば時系列の辻褄《つじつま》が合うので、筒井氏との縁談も、実現に至ったかは別として下交渉された可能性はある。

とすれば、光秀は近江国高島郡の織田信澄、大和の筒井順慶、そして細川藤孝と、畿内の有力者との縁組みを次々と進めていったことになる。

信長は永禄六年（一五六三）に姪を養女として丹羽長秀に嫁がせているが、それ以外の重臣クラスではこの時期に明智光秀の娘―織田信澄の婚約があったとすればそれが最速だ。他の動きも考えるとこれは信長が命じたというよりも、光秀が信長から同意を取り付けて命じられる形にもっていったと考えるべきではないか。

光秀の狙いは明確である。織田家中での孤立を回避し、高島郡の磯野員昌の養嗣子である信澄を自分の係累として引き入れ、摂津一の実力者荒木村重を味方につけ、大和の筒井順慶を近づける。つまり畿内を自分の与党で埋め尽くそうというのだ。光秀のこの思惑が形になっていくには、さらに五年待たなければならない。

義昭追放によって時代が動く

この年七月六日、坂本城で惨劇が起きる。

「三淵大和守《みつぶちやまとのかみ》・同子弥四郎《やしろう》、坂本城に於いて生害《しょうがい》也」(『年代記抄節』)

一年前に二条御所で降伏した三淵藤英《ふじひで》と子の弥四郎秋豪《あきひで》はその後居城の伏見《ふしみ》城に居たが、二カ月前に信長から伏見城破却の命令が下され、坂本城に預けられていたのだ。

秀吉が奔走していた将軍義昭の帰洛問題が二カ月の交渉の結果、前年十一月に破綻《はたん》し、義昭は紀伊国へ去っているので、もうその側近(御部屋衆、「永禄六年諸役人附」)であった藤英父子を生かしておく必要は無くなったと判断されたのだろう。

伏見は京と奈良・摂津を結ぶ要衝だから、そこに敵性勢力を置いたままにしておくわけにはいかなかったのだ。

藤英は細川藤孝の異母兄だから、忠興を娘婿とする光秀にとっては義理の従兄弟ということになる。このために預けられたものかもしれないが、信長の命令を彼はどんな気持ちで受け止めたのだろうか。藤英父子を預かった後に塙（原田）直政が山城守護に任じられたこともあって、光秀にとっては憂鬱《ゆううつ》な日々だったのではないか。

この事件の直後、伊勢では長島一向一揆が信長率いる織田軍によって殲滅される。

九月、河内へ出陣して佐久間信盛・細川藤孝らとともに三好・本願寺勢を破り、河内高屋《たかや》城（大阪府羽曳野《はびきの》市古市）を焼き、萱振砦《かやふりとりで》（八尾《やお》市）を攻略。明けて天正三年（一五七五）三月二十三日、塙（原田）直政が大和守護を兼ねる。

四月八日、信長に従い、高屋城の三好康長《やすなが》を攻め、降伏させる。

そして二十八日、信長が三河国長篠《ながしの》城（愛知県新城《しんしろ》市）を包囲する武田勝頼《かつより》との戦いに臨むべく京を発つと一旦坂本城へ戻り、五月十四日に薩摩の島津家久《いえひさ》（義久の弟）が義久の薩摩・大隅・日向三カ国の統一の礼として伊勢神宮・愛宕《あたご》神社（京都市）などを参拝するため上洛中の一行を迎えて歓待している。一行には里村紹巴も同行していた。

「坂本の町に一宿し（中略）舟さし着け、明智殿参会あるべき由ありし間罷《まか》り出で、紹巴・行豊《ゆきとよ》（肥後《ひご》宇土《うと》の北大炊助《きたおおいのすけ》行豊。家久の供）など同舟、そのまま明智殿城を漕《こ》ぎ廻《まわ》り見せられ候、その舟は畳三重敷計《ばかり》の家を立てられ候、面白くてその板葺きの上に登り、なお廻る盃《さかずき》飽《あ》くことなくこそ、さて、舟よりおり（下り）、明智殿へ同道にて舟の内みせられ候、」（『中務大輔《なかつかさたいふ》家久公上京日記』）。

光秀は島津家久一行に屋形船を出して酒宴に誘い、湖上から坂本城を見物させると、皆船の屋根の上に登って盃を回し続けた。屋根から降りると、光秀は一行を船の内部に案内して見学させた。

なんとも微笑ましい光景だが、坂本城はまだ安土城が築かれる前であるこの時点では、織田家最高の城郭である。これを見せておくことは、将来を見据えた島津氏に対する示威《じい》行為という意味合いも含まれていた。秀吉の筑前守任官に焦る光秀としては、何とか九州における影響力を手に入れるきっかけとしたいという意気込みもあったろう。

長篠《ながしの》の鉄砲戦を企画したのは光秀か

そして家久一行をもてなした直後、光秀も長篠へ向けて出陣したらしい。

天正三年五月二十一日、長篠の戦い。

長篠城南西、設楽原《したらがはら》の連吾《れんご》川西側の高みに陣取った織田・徳川連合軍四万前後は、三〇〇〇挺《てい》にものぼる大量の鉄砲と銃弾を投入して武田軍二万前後の突撃を阻《はば》み、圧倒的な兵力差で武田軍を疲労させた上で追撃を開始。武田軍を撃破した。信長会心の戦いとしてよく知られる。

この戦闘で、光秀の働きについて言及している史料はない。『明智軍記』でさえも完全にスルーしている。

ところが、長篠での大勝利の後に面白いことが起こっている。すぐ坂本城に凱旋《がいせん》帰着した光秀を、二十四日に吉田兼見が戦勝祝いのために駆け付けた。光秀は兼見と対

面すると、
「今度三州《さんしゆう》（三河）表の儀信長より明智に対し仰せ上《のぼ》せらる御折紙《おりがみ》、披見《ひけん》せしむる也、悉《ことごと》く討ち果たすの儀、定めの如く也」（『兼見卿記』）

と、信長からの書状（折紙）を見せたというのだ。

折紙とは紙を横長に二つに折り、上下から折り目に向かって書く形式の書状で、竪紙が正式の書状であるのに対し略式なものを本来言う。感状《かんじよう》や刀の鑑定書に用いられるのがこの折紙だ。

一説には「定めの如く」（如定）の部分には「必か」と注が入れられ、「必定」の誤記の可能性が指摘されているが、長篠の戦いでは、信長はその日の内に追撃を打ち切り、二十五日に岐阜へ凱旋している。だから、先に帰った光秀に対し、「これから（甲斐に進軍して）武田軍を殲滅《せんめつ》する」という意味ではあり得ない。「定めの如く」が正しい。

この文末は「あらかじめ定められていた通り、武田軍をことごとく討ち取った」という意味になる。文脈から言えば、これは折紙の内容そのもの、あるいはそれを読んだ兼見の感想、そのいずれかを記したものだろう。

光秀は先行して西に戻っており、信長はそれに対し、後追いで書状を発したわけだが、光秀も長篠の現場にいたのだから、合戦の結果についてわざわざ信長が報《しら》せてくることはない。

ということは、この折紙は信長から光秀に宛てた感状であり、長篠の現地では取り紛れて書き渡すことができなかったため後から発行されたもので、光秀の作戦案が的中したことを褒める内容のものだったと判断できる。

この戦いでは、信長から細川藤孝に宛てて、

「鉄炮放《はなち》、同じく玉薬の事、申し付けらるるの由尤《よしもっとも》に候、弥《いよいよ》家中相改められて然るべく候」（五月十五日付）

「鉄炮の事申し付けられ、祝着《しゅうちゃく》せしめ候」（五月二十日付）（以上『細川家文書』）

と、藤孝が鉄砲手と弾薬の手配をしている事を褒め、さらに細川家中の者どもの鉄砲保有状況を精査して一層多くの鉄砲・鉄砲手・弾薬を送るよう命じている。

また、五月十七日には、

「岐阜へ筒井より鉄炮衆五十余合力《こうりよく》に遣《つか》わされ了《おわんぬ》」（『多聞院日記』）

と、大和の筒井順慶も長篠の戦い用に鉄砲手五十名余りが派遣されて行った。

光秀は藤孝とは旧知の仲で、義昭追放後は作戦行動をともにすることが多く、縁戚関係でもある。順慶については大和守護の塙（原田）直政の指示によるものかもしれないが、光秀との縁戚関係も噂されているのはすでに見た通りだ。

感状の内容が間違いなければ、鉄砲の集中運用による武田軍撃退を構想した光秀は、その実現のため藤孝・順慶の保有する火力を把握し、信長に長篠の戦い用としての徴発《ちょうはつ》を進言したとしか考えられない。

それは、「大筒の妙術」を讃えられ、本圀寺の変でも鉄砲で三好三人衆を撃退し、金ケ崎の退き口では朝倉の大軍を五〇〇の鉄砲衆を指揮して防ぎ、信長を無事京へ生還させてみせ、江北の一連の戦いでは装甲船から銃砲で敵を圧倒した光秀ならではの発想だった。

元亀元年（一五七〇）以来の対大坂本願寺戦や長島一向一揆との戦いで敵の大量の鉄砲に悩まされ続けて来た信長にも、この作戦案は説得力をもって響いただろう。

彼は長篠の基本作戦を立案し、その実行に必要な兵器とそのオペレーター、消耗品の手配まで意を尽くしたのだ。信長の革命的戦法とうたわれた長篠の戦いは、光秀という男の存在によって生まれたのである。

信長から戦法の判断を任される

長篠の戦いはまた、信長によるインフラ整備がもたらした勝利でもあった。天正二年（一五七四）七月八日、光秀は信長と主従の関係にあった清洲の豪商伊藤宗《いとうそう》（惣）十《じゆう》郎《ろう》に対し、こう書き送っている。

「尾濃《びのう》（尾張と美濃）の唐人方・呉服方商売役の儀、御朱印を以て仰せ付けられ候、尤《もつとも》坂本辺□《欠け》百性（姓）商人已下《いげ》（以下）、成すべきもの也、舟奉行《ふなぶぎよう》・町人中申し付くべく候」（『寛延旧家集《かんえんきゆうかしゆう》』）。

伊藤宗十郎は尾張・美濃における明からの輸入呉服商と国産呉服商の統制を任された商人司《しようにんつかさ》だったが、光秀はその営業税について信長様から朱印状で命令を受けたので、坂本周辺の百姓（この場合は一般人という意味）・商人が遵守するよう、舟奉行と町人代表に命令じて管掌させる、と書いている。

尾張から美濃、東近江から琵琶湖の舟運を使って坂本、そこから京へという流通ネットワークが整備されたなか、光秀は坂本の支配者として陸揚げと売買の現場をしっかり管理し、取り引きにともなう営業税をきっちりと払わせる、それ以外に余分な税は課さない、と申し伝えたわけだ。

その年末、この流通ネットワークはさらに強化されることになる。信長が分国《ぶんこく》（領国）全体に「広さ三間々中《けんまなか》」（幅は三間半、六・四メートル弱）の道を整備させた。入り江には舟橋が架けられ、険しい道も削平《さくへい》され、岩も取り除かれるといった具合で、大量の物資人員を使っての大事業で、信長はなんと翌天正三年（一五七五）の二月には工事を完了させてしまう。

続いて三月、京都までの中山道《なかせんどう》も改修され、美濃関ヶ原と近江の鳥居本《とりいもと》（彦根市）を結ぶ摺針《すりはり》峠の改修には二万人の人夫が投入された。峠を掘り下げてできるだけ平らにし、岩は上で火を焚いて熱して割る方法で取り除き、「濃州（美濃）よりは、三里ほど近くなる」（『東大寺金堂《こんどう》日記』）という。鳥居本は佐和山城の外港としても繁栄した松原湊《まつばらみなと》も近く、舟運で結ばれる坂本にも三里（十二キロ弱）の短縮による恩恵は大きい。

信長による交通インフラの整備によって、織田経済圏の流通活動は一層円滑で活発なものとなっていく。言うまでもなく軍勢の移動や兵糧・軍需品の輸送をスピーディにするためでもあるが、それ以上に経済的なリターンは絶大だ。

坂本城の光秀にも、この状況は現実の目の前で城下の繁栄の姿としてはっきり映っている。信長から西近江の経略を任せられ、坂本を得た自分の読みの正しさを誇らしく思いながら、彼はますます信長からの信頼を高めていかねばならないと改めて考えていたと思われる。

実際、光秀は信長の信頼を勝ち取る努力を怠らなかった。この道路整備事業がはじまる数カ月前の七月二十九日、彼は長島一向一揆征伐の陣中にある信長から、

「度々《たびたび》報告を送ってくれており、まことに殊勝《しゅしょう》である。南方の状況（摂津方面での一向一揆・三好党との戦い）について書中に詳細に語られており、まるで現地を見ているような心地がする」

と始まる書状を送られている。いかに光秀がこまめに状況を報せていたかがわかり、信長からの信頼の高さもうかがわれる書き方だが、その後に次のように続けている。

「（敵が城から）取出《とりいずる》に於《お》いては、後巻《うしろま》きに及ぶべく候か、如何《いかん》、分別次第に候」

敵が出撃して来れば援軍を出した方が良いか、どうだろう、光秀の判断に任せる、という意味で、これは驚くべきことだ。

というのは、信長は常に自分で戦場を駆け回り、敵味方の状況を良く見定めて自分で戦法を取捨選択し、決断を下すのが常道だからで、『信長公記』に「懸けまはし（駆け回し）御覧じ」という言葉がしばしば使われているのがそれだ。

その信長が遠征中とはいえ、光秀に対してその裁量に任せるという態度に出るというのは、フロイスの証言のように光秀が「信長の歓心を買うためにあらゆることを調べ尽く」す人物で、信長が求める情報を求めるタイミングで提供し、共有できたからこそだろう。この時点で光秀に対する信長の信頼と評価がいかに高かったかを示している。

さらにこのことは、この頃から織田家の軍団の作戦範囲が広がり、信長単独ではカバーしきれなくなったことを表わしており、これはのちの「方面軍団」と呼ばれる請け負い制の発展形につながっていく。

以上のように、信長が交通インフラを整備し、収入構造を強化し、織田軍団の活動がより広範囲をダイナミックにカバーできるべく改革を続ける中で長篠の戦いはおこなわれ、整備された交通網を用いて細川藤孝・筒井順慶らから集めた鉄砲・鉄砲手も貢献して信長に大勝をもたらしたのだ。

惟任日向守《これとうひゅうがのかみ》誕生!

長島一向一揆、武田勝頼と、とりあえず東の脅威が一段落したことにより、信長は天正三年(一五七五)七月三日に朝廷から官位昇進の打診を受ける。だが、彼はこれを断った。

何かと多忙な身だから、高い位と引き換えに朝廷関連の儀式やつきあいに時間を取られるのを避けたのだろうか。その代わり、と言えるかどうか、信長は重臣たちに官途名や姓を与える勅許を得た。

松井友閑……宮内卿法印《くないきょうほういん》
武井夕庵《たけいせきあん》……二位法印

簗田広正《やなだひろまさ》……別喜右近《べっきうこん》
丹羽長秀……惟住《これずみ》長秀
そして、光秀が惟任日向守《これとうひゅうがのかみ》。

この他に、ほぼ同時期のこととして塙直政がこの時「原田」の名字と備中守《びっちゅうのかみ》の官途名を、村井貞勝が長門守《ながとのかみ》の官途名を、滝川一益が伊予守《いよのかみ》の官途名を、それぞれ与えられたという。

文官の友閑・夕庵は別として、武将の簗田の別喜姓は九州豊後《ぶんご》国の大友宗麟家臣戸次《べっき》氏（戸次鑑連《あきつら》＝立花道雪《たちばなどうせつ》で有名）、塙の原田姓は筑前国高祖山《たかすやま》城（福岡県糸島《いとしま》市）城主として同時代に原田隆種《たかたね》がおり、大友・毛利・龍造寺《りゅうぞうじ》などに仕えている。丹羽の惟住も鎌倉時代にさかのぼる九州の名門大神《おおが》氏の一族という（『姓氏家系大辞典』太田亮、国民社刊）。

光秀の惟任も惟住と同様だが、彼は姓に加えて日向守の官途名も与えられている。言うまでもなく日向国は九州に属し、九州に関係する姓と官途名の両方を与えられたのはこの光秀の場合だけ。少し前に筑前守の名乗りを許された羽柴秀吉は、惟任や惟住のような九州関連姓を与えられていない。

一連の姓・名字・官途名から見える信長の狙いは何だろうか。

村井貞勝の長門守、滝川一益の伊予守をを見ればその目が中国地方・四国への進出を見据えていることは一目瞭然《いちもくりようぜん》で、別喜（戸次）、惟住が九州でよく知られる名字、姓であることと合わせて、将来的に統治しやすくするための下準備といったところだろう。そして、それ以上に意味深いのが他のふたりだ。

塙直政の備中守は村井貞勝と同様に中国地方を指向したものだが、原田氏の方は朝廷の九州における政庁としての大宰府《だざいふ》（古代の表記は大宰府、中世より太宰府）の府官をつとめた名族大蔵《おおくら》氏の嫡流である。

そして光秀の惟任姓の源流である大神氏は、宇佐氏とともに平安時代前期、大宰府から豊前《ぶぜん》国一宮《いちのみや》の宇佐神宮（八幡総本宮）の宮司として認められるなど、太宰府との関わりが強かった。つまり、ともに太宰府の掌握を強く意識した名字と姓なのだ。

特に日向守の名乗りも合わせて得た光秀は、いわば来たるべき未来における織田家の九州進出において、最も重要な役割を任せられるべき立場となったことを、その名で表わすようになったと解釈すべきだろう。

かつての九州の政治・経済の中心だった太宰府。それにちなみ、太宰府とその外港として海外貿易で栄える博多を制する者が、九州全体の支配者として権益を支配することになる。

島津家久を接待し、九州大名との交渉では一歩リードしたものの、筑前守の官途名で一日秀吉に逆転された光秀は、この賜姓任官《しせいにんかん》によって鮮《あざ》やかに抜き返した。それは信長の信頼と期待の証と言えるだろう。そしてそれ以上に、
①四国方面から瀬戸内海貿易の掌握を狙っていた光秀自身が、その先にある海外貿易をも一人占めにする意欲を持っていたこと、
②積極的に九州進出のロードマップを提示し、そのプロジェクトリーダーとなることを信長に働きかけていたこと、
を窺《うかが》わせてくれる。

六章　絶頂期と、その陰り

丹波《たんば》の義昭残党攻め

光秀が惟任日向守となった直後の天正三年七月六日、信長は毛利家の小早川隆景に対して「貴家と但馬（守護）の山名祐豊《やまなすけとよ》とが講和したとの事、但馬はこちらの分国（領国）とする事で合意していたのに残念だが、出雲・伯耆《ほうき》（鳥取県西部）の敵を退治するためというなら仕方が無い」と書き送っている。

信長の筆の下には、永禄十二年（一五六六）八月に但馬へ攻め込んだ秀吉がいる。彼は九年経っても但馬平定を請け負うことをあきらめてはいない。但馬は銀山（生野）を有し、中国地方への入り口ともなる戦略上の要地だからだ。

これに対し、光秀も負けじと西への進出を狙っていた。前月の六月十七日、丹波の土豪小畠左馬助《おばたさまのすけ》（丹波国船井《ふない》郡、現在の京都府京丹波町と亀岡市・南丹《なんたん》市の一部に本拠）に対し、信長が「内藤《ないとう》・宇津《うつ》を討伐するため明智光秀を派遣するので、格別に忠節を尽くすように」と朱印状を発行すると、十九日、

「御当知行分異儀（議）有るべからず候、弥《いよいよ》忠節次第、新地等の儀申し調《ととのう》ふべく

候」

（現在の知行は保証し、今後の働きによって新しい知行も与えられるよう手配する）

と小畠氏に書き送っている。

内藤・宇津とは、丹波守護代家一族で二年前に義昭方として信長に敵対し、その後も抵抗を続けている内藤氏と、これも同じく抵抗を続ける宇津頼重——そう、永禄十二年に信長から丹波国桑田郡山国庄の押領を止めるよう命じられていたあの頼重である。

七月二十四日になると、光秀は、

「明後日二十六、宇津表行《てだて》（宇津方面の対策）に及ぶに付き、桐野河内《きりのこうち》（船井郡）に至り着陣候、」

と宇津方面に作戦行動をおこなうことを小畠左馬助に申し送っている。土民や武家奉公人らを構わず動員し、鋤《すき》・鍬《くわ》などを持たせ、木こりにはまさかりを持たせて連れて来い、と続けているから、これは攻撃に先立つ拠点となる砦などを築くための出陣だったのだろう。

ここで光秀には、最終的に九州へ進出するためのふたつの展望が開けたことになる。ひとつは従来から温めている四国方面からの展開、もうひとつは今回動きはじめた西近江から山城国を経て西の丹波国へ進み、中国地方から九州を窺《うかが》うという展開だ。

だが、その構想を進めるためにはまず足元の滋賀郡・高島郡を固め、総動員体制を取らなければならない。光秀にとってそのためのチャンスが訪れるのは、二カ月後のこととなる。

越前は柴田勝家《しばたかついえ》へ

一方、信長は七月十日に越前攻めの号令を発していた。畿内に残る彼の大敵である大坂本願寺の勢力としては、長島一向一揆が全滅した今、越前国一向一揆が最大の脅威となっている。

前年（天正二年）一月に朝倉旧臣の富田《とだ》長繁《ながしげ》が信長から守護代に任じられた桂田《かつらだ》長《なが》俊《とし》（前波吉継から改名）を攻め殺したあげく、仲間割れを起こして加賀国の一向一揆に牛耳られ、一国全体が加賀同様に「百姓の持ちたる国」と呼ばれるような状況となっていた。その越前国をふたたび勢力下に収めるべく、出陣準備を命じたのだ。

京から岐阜に戻り、八月十二日に越前に向け出陣した信長に対し、光秀は十四日に坂本城で吉田兼見の訪問を受けている。光秀の門出《かどで》を祝いに来た兼見は、そのまま越前へ向かう光秀の軍勢についていったのだろう。その夜は高島新城（高島郡に光秀が築いた新しい城か？）に宿泊し、翌十五日申刻《さるのこく》（午後三時頃）越前敦賀に到着している。

この日、越前国は激しい風雨に見舞われていた。その中を、織田軍は陸上から柴田勝家ら三万、海上から若狭衆・丹後衆一万が侵攻する。

光秀は秀吉とともに、「（越前一向一揆の円強寺《えんきょうじ》と若林《わかばやし》長門守《ながとのかみ》親子の軍勢を）ものかずともせず（物の数ともせず）追《おい》崩し二・三百討《うつ》取《と》り」その拠点である大良越《だいらごえ》の杉津《すいづ》城（敦賀市）と越前海岸の新城に攻め込んで焼き払っている（『信長公記』）。

信長は前日十四日に敦賀に入っているから、小谷城で合流した秀吉も光秀より一日早く着陣していただろう。これに対し、光秀は敦賀に着陣すると息つく間もなく猛烈な戦闘をこなしたわけだ。その夜には三十キロ以上も北にある府中《ふちゅう》（福井県越前市、武《たけ》生《ふ》駅周辺）の町まで進出し、周辺から逃げ込んで来た一揆勢を捕捉《ほそく》して、秀吉とともに、

「二千余騎斬《きり》捨てられ、手柄の程是非に及ばず」（『信長公記』）

という戦功を挙げている。彼がいかに秀吉に強い対抗意識を燃やしていたか、この経緯を見るとよくわかるではないか。

越前一向一揆の平定は順調に進んだ。信長は村井貞勝宛てに「一向数を知らず」と一揆勢を無数に切り捨てたことを自慢し、昭和になってから付近の小丸城跡で発掘された瓦には前田利家が一揆勢約一〇〇〇人を生け捕りにした後、「磔《はりつけ》・釜に煎《い》られ炙《あぶ》られ」たと書き込まれていたように、越前一向一揆は完全に壊滅し、一万二二五〇

人以上が死亡、ほかに三万とも四万ともいう数が生け捕られて他国へ連行され（人買いに売り渡されたのだろう）、あるいは殺されたという（『信長公記』）。

信長はこのあと柴田勝家に越前の内の八郡を、金森長近に大野郡の三分の二を、原《はら》長頼《ながより》に同じく三分の一を与え、府中に不破光治《ふわみつはる》・佐々成政・前田利家を駐在させて別に二郡を与えることを決めると、九月十四日から二十三日の間に勝家へ、「関所を作るな」、「武事に専念して遊興をするな」、「信長を崇敬して影後ろでもあだやおろそかには思うな」などとする「越前国掟」を与えた。

勝家は越前の大部分を支配する大名として光秀・秀吉を凌ぐ四十万石近い動員力を得たのだ。彼は越前北庄《きたのしょう》（福井市）の豪商橘屋三郎左衛門尉《たちばなやさぶろうざえもんのじょう》に商業特権を安堵し、ここに織田経済圏は北陸まで完全に通貫《つうかん》することになる。かつて光秀が夢想した流通ネットワークが実現したのだが、越前国は柴田勝家の権益下に入ったために光秀の関与する余地は消滅した。

現地で戦後処理をおこなったあと、光秀は二十三日、連動して織田家に降った者たちの処置のため加賀へ赴く。

越前での残務については、彼の重臣溝尾庄兵衛茂朝《みぞおしょうべえしげとも》が代わって「北庄ノ奉行」（『朝倉始末記』）のひとりとして越前の代官職をつとめたという。永禄十一年（一五六八）に茂朝が足利義昭を一乗谷の近くまで出迎えたという話はすでに紹介したが、やはり光秀の越前滞在以来行動を共にしていたために茂朝は越前の国内事情に精通していたものと考えられる。

秀吉もパワハラ行使

九月二日、北庄に在陣していた信長の下で、ある事件が発生した。

「高嶋打下《たかしまうちおろし》　林与次左衛門《はやしよじざえもん》生害させられ候」

高島郡打下城の林員清が自害させられた。

信長はこの時、柴田勝家の拠点となる北庄城の設計をおこない、その着工に立ち会っていたのだが、その工事現場で「志賀《しが》の陣の際に浅井・朝倉軍に内応してその軍勢を引き入れ、早舟《はやぶね》で湖上から織田軍に対し矢を射かけた。けしからぬ」と弾劾《だんがい》し、無理矢理腹を切らせたのだ。

志賀の陣とは光秀が宇佐山城に入るきっかけとなった合戦だが、五年前のことを蒸し返して死を与えるとは、いささか理由づけに無理があるとしか思えない（もっとも、信長はのち天正八年になってから、七年前の口答えを理由として佐久間信盛を、二十四年前の敵対を理由として林秀貞《はやしひでさだ》を、それぞれ追放しているのだが）。

実はこの背景にも、光秀と秀吉の暗闘が関係していたようだ。員清の死から半月足らず、北近江山本山《やまもとやま》城の阿閉貞征が竹生島の寺領を押領したとして、九月十六日に信長へ訴訟される事件が起こっている。

これに対し、貞征の子貞大《さだひろ》は十月十七日付で「秀吉が竹生島における阿閉家の扶持の過半を奪い、違乱しているから、その分を他で補槇《ほてん》しなければ仕方が無い」と信長の側近菅屋《すがや》長頼《ながより》に泣きついた。

その後阿閉氏は秀吉の寄騎から外れて信長の旗本に異動されたようだから、秀吉による違乱が確かにおこなわれ、阿閉側の言い分が正しいと判断されたのだろう。

阿閉氏は菅浦―竹生島の舟運、水軍関連の利権を握っており、秀吉としてはそれを自分の直接管理下に置きたかったのだろうが、そのやり口は極めて陰湿で横暴だ。阿閉氏は本能寺の変後は光秀に従い、山崎《やまざき》の戦いで秀吉と戦って最後は殺されるのだが、よほどこの時の秀吉のやり方を恨んでいたに違いない。

それだけではない。一年前には北近江長比《たけくらべ》城の樋口直房が、秀吉の命令で越前一向一揆に対する守備についていた木ノ芽峠の陣地から退去し、甲賀に逃げ込もうとしたところを捕らえられて殺害され、その主人の鎌刃《かまは》城主堀秀村も連帯責任で領地を没収されている。

五年前に彼らを調略したのは秀吉寄騎の竹中半兵衛尉重治だったが、その後彼らの権利も阿閉氏同様秀吉に侵食され、度重《たびかさ》なる合戦に消耗し尽くしたあげく進退に窮《きゅう》してしまったのだろう。

以上のように秀吉がパワハラで寄騎の外様豪族たちを圧迫し続けたのは、信長から課せられる軍役を期待以上にこなすためでもあるが、それ以上に来たるべき西方への進出事業のために領国のすべてを直接指揮下に置いて総動員体制を整えておかなければならないという要求によるものでもあった。自分の地域の権益を守ることだけに固《こ》執《しっ》したがる土着勢力は、不要なのだ。

林《はやし》員清《かずきよ》の旧領に向けられた偏執《へんしゅう》的な圧力

そしてそれは光秀においても同様である。というよりも、林員清が信長によって殺されたのも、そのタイミングを見ると光秀による示唆があったものと考えざるを得ない。員清の打下城は後に織田信澄《のぶずみ》の居城となったとも伝わる。信澄が光秀の娘婿であることを考えると、員清の領地は光秀の影響下に入ったと見て良い。

翌十月一日。この日、信長は丹波の片岡藤五郎という土豪に対し、「赤井直正《あかいなおまさ》が叛《はん》意《い》を抱いて出仕《しゅっし》して来ないので、退治のため光秀を派遣する」と書き送った。いよいよ、光秀による丹波進攻が本格的に始まろうとしていた。

赤井直正は氷上《ひかみ》郡黒井《くろい》城を拠点とする豪族で、その力は内藤・宇津氏を大きく凌ぐ丹波最大の存在である。丹波国内の義昭残党の排除という当初の作戦目標は、この時点で丹波一国の平定へと完全に切り替わったのだ。

だが、その中でも光秀は高島郡の支配強化に動いていた。員清亡き後の打下に関して、近江滋賀郡小松庄宛てに、

「鵜川《うかわ》年貢米高頭の儀に付き、打下の百姓存分の有る由候。然らば庄内として彼の田地、早々苅り上げ約束の如く納むるべき所、聊《いささ》かも油断有るべからず」

と指示を送っている。

鵜川は滋賀郡と高島郡の境に位置し、かつては打下の南隣の枝郷《えだごう》だった（『滋賀県の地名』平凡社）。のちに織田信澄の本拠となる大溝《おおみぞ》とも隣接し、南北朝時代後半には南隣の北小松《きたこまつ》（下小松）との間で山境についての相論を起こしている。鵜川と打下も、室町時代初め頃に浦と山の入会権をめぐって北小松を訴え、対立は江戸時代中期まで続く。

つまり、打下とその近隣は権利関係が非常に込み入っており、光秀は打下と自領の鵜川の農民間の長い対立の歴史と動向を把握し、林員清が粛清された直後のタイミン

グで、鵜川の年貢米を確保するために鵜川で耕作している打下の農民の分（当時、鵜川村の百姓は十軒ほどを除くほか、すべて打下村に居住していたという）は当然鵜川の物として早急に刈り取って納めろ、と命じたのだ。

員清の旧領である打下を治めることになった娘婿の織田信澄、それにその養父である磯野員昌に対し、力関係にものを言わせて文句は言わせない、という自信の現われであろうし、また、彼が員清抹殺の黒幕であることの、何よりの傍証《ぼうしょう》となる一件である。実利を得た者が一番怪しいのだから。

これに対し、この月、秀吉は信長から四男の於次《おつぎ》（のちの羽柴秀勝《ひでかつ》）を養嗣子としてもらい受けている（天正五〜六年ともいう）。

子を持たない秀吉正室お禰《ね》の嘆願によるとも言うが、時期的なものから見て実際は光秀による織田信澄の取り込みを参考にしたのだろう。信長の姻戚となり、織田家中での立場を安定させ、領内の不満分子を抑えつけるためと考える方が自然だ。

八日、光秀は丹波国着陣。十一月からは赤井直正の黒井城に対する攻撃が開始される。光秀の下には続々と丹波国人衆が参陣し、「丹波国衆過半残らず惟日（惟任日向守光秀）一味候」（「吉川家文書《きつかわけもんじょ》」）という状況で、黒井城陥落にさほど時間はかからないものと見られていた。

光秀も余裕を持っていたのだろう。攻撃開始後の十一月二十一日、近江滋賀郡小松庄（先述の北小松を含む）宛てに、

「当郡と高嶋郡境目《さかいめ》事、先規の如く、北小阪四十八体を限り、此方より申し付け候条、庄内その意を得、田地等進退せしむべく候。もし打下より違乱の儀在《あ》るに於《お》いては、急度《きっと》注進有るべく候。すなわち山林等同前たるべきの状、件《くだん》の如し」

と指示を送っている。四十八体は鵜川にある地名だ。当地に今もある石仏（四十八体仏）が由来になったのだろう。

彼は鵜川についての打下からの干渉を許さず、小松庄の優先権を確認して、山林の権利も同様だと言っていることになる。打下に対する度重なる高圧的な態度は異常なほどで、性格にある偏執的な一面を覗《のぞ》かせているかのようで印象深い。

明けて天正四年（一五七六）、信長による安土築城が開始される年である。この年一月、光秀は相変わらず黒井城攻めの陣地に居たが、十四日、八上城《やかみじょう》（兵庫県篠山市《ささやまし》）の波多野秀治《はたのひではる》・秀尚《ひでひさ》兄弟が突然赤井方に寝返ったために前後から挟み撃ちにされる形となって崩れ、光秀も戦場から脱出する。

「丹州（丹波）黒井の城、荻野悪右衛門《おぎのあくえもん》（赤井直正）在城也、旧冬以来惟任日向守取詰《とりつめ》在陣也、波多野別心《べっしん》せしめ、惟日在陣敗軍せしむ云々《うんぬん》」（『兼見卿記』）

江戸時代の歴史逸話集『常山紀談《じょうざんきだん》』には、この日は大雪で二尺以上も積もり、かんじきの支度《したく》もなく裸足の明智兵はろくに戦えなかったというが、当日天気は晴れていた。二日前の雪が積もり身動きが取れなかったとも解釈できるが、それよりもやはり敵地で孤立した恐怖感が、丹波衆の寄せ集めが大部分をなす明智軍を崩壊させたのだろう。

光秀が原田直政《はらだなおまさ》を見殺しにした理由

京を経由して坂本に戻った光秀は、翌二月十八日にふたたび丹波へ兵を向けるのだが、その後摂津での対本願寺戦が激しくなったため丹波での軍事行動はいったん保留状態となる。

四月十四日、信長に従い、本願寺攻めに出陣。五月七日、天王寺《てんのうじ》の戦い。天王寺砦は前月に信長が本願寺に対する付城《つけじろ》として築かせた七カ所の砦のひとつで、光秀は細川藤孝とともに大坂の東北方の守口《もりぐち》、同東南方の森河内《もりかわち》（東大阪市）の砦の築造を担当したあと、この天王寺砦に入っていた。

五月三日未明、原田直政らの部隊が本願寺方の木津《きづ》砦（大阪市浪速《なにわ》区）に攻めかかると、大坂の西、楼《ろう》ノ岸《きし》の砦から出撃した本願寺勢が一万の兵で直政らに攻めかかり、木津砦と挟み撃ちにし数千の鉄砲を撃ちかけたため、直政は奮戦むなしく討ち死にを遂げてしまう。

合流した楼ノ岸砦と木津砦の本願寺勢は天王寺砦に攻めかけて来た。光秀らが必死の防戦につとめるところ、信長が京からわずか一〇〇名の兵で五日に若江まで駆け付け、人数を整えた上で七日、天王寺砦に突入、光秀らと合流して討って出、敵を本願寺の城戸口《きどぐち》まで押し返して首二七〇〇を取ったという（『信長公記』）。

ここでこの戦いを分析してみよう。楼ノ岸砦（大坂の北西、現在の天満橋《てんまばし》南詰の西あたり）の本願寺勢は一万。それが木津砦（大坂の南西、木津川の東岸あたり）の友軍と合流した結果一万五〇〇〇という数になっているから、木津砦の兵力は五〇〇〇以上だった計算になる（出撃の際、若干の留守居《るすい》の兵が残るという前提）。

とすると、これを攻める直政らは同等以上、城砦《じようさい》に籠もる敵を攻撃する際の常識として、最低でも二倍の一万程度の兵を率いていたと考えなければならない。その場合、天王寺砦に残る留守居の兵力も五〇〇〇はくだらないのではないか。それだけの兵力があれば、直政に攻めかかる楼ノ岸砦の本願寺勢の背後を襲って直政を救出し、ともに天王寺砦に逃げ込むという選択肢もあったはずだ。

また、光秀らが守る天王寺砦だが、信長から陣取り禁止の制札を与えられていたはずの四天王寺境内ではないだろう。となると、考えられるのはその南西の茶臼山《ちやうすやま》（現在の天王寺公園）だ。大坂冬・夏の陣でも砦として活用されたこの山は、周囲から一段高く周囲には水堀もあって簡単に攻略される立地には無い。信長が慌てて一〇〇名ほどの人数で駆け付けてくるほどの状況ではないのだ。

ではなぜ直政は悲劇的な最期を迎え、信長は『信長公記』にあるところの「明衣《ゆかたびら》」（湯帷子。浴衣の原型）姿で飛び出さなければならなかったのか。

これに先立つ四月二十八日、信長が本願寺攻撃に当たっている摂津国衆の塩川長満《しおかわながみつ》らに宛てた書状には、「諸口《しょくち》より敵と出合《いであ》いは停止すべし、但し調儀《ちょうぎ》の口もこれ有らば相尋ね、その上にて沙汰せらるべき事」とある（「中山寺文書」）。どの方面にもこちらから進撃して敵に挑むのは禁止とし、ただ調略できそうな方面があればよく確かめ、信長の命令を待て、というのだ。

これは本願寺戦についての軍令であり、当然天王寺砦にも同様の命令が下されていたはずだ。

ということは、直政は功を焦ったか、あるいは他の原因があったのかは不明だが、軍令を無視して出撃し、最悪の結果を招いたことになる。信長が慌てて駆け付けたことからも、この作戦行動が予定されたものでなかったことは明らかだろう。そして、光秀らはこの軍令を盾にして直政救援に動かなかった。それは、光秀にとってその方が都合良かったからだった。

すでに述べたことだが、直政は天正二年（一五七四）五月に山城守護となり、翌年三月に大和守護を兼ねている。山城・大和に影響力を持ち、それを強化して畿内を掌握したい光秀にとっては目の上のこぶのような存在だ。それだけではなく、天正三年七月七日の連署状（「壬生《みぶ》家文書」）では直政は光秀の上位に立っている。

このままでは直政に畿内支配を横取りされ、九州進出の夢も持って行かれてしまうかもしれない。

そんな恐怖を抱いていた光秀であるから、木津で直政が数千挺の鉄砲が轟《とどろ》く中で死んでいくのを見殺しにすることに何の迷いも持たなかった。それに元はと言えば、直政の暴走である。うがち過ぎかもしれないが、あり得る話ではないか。

妻の死を振り切って、ふたたび丹波へ

だが、さすがに直政を見捨てたことがこたえたのか、丹波での敗戦を引きずってい

たのか、あるいは越前、丹波、天王寺と続く合戦によって蓄積された疲労が限界に達したのか、光秀は五月二十三日に発病。帰京して名医の曲直瀬《まなせ》道三《どうさん》正盛《まさもり》邸で療養している。

「惟日もってのほか所労帰陣、在京也」(『兼見卿記』)

一時は重篤な状況となり死亡したとの噂も流れるほどだった(『言継卿記』)が、治療につとめ、信長から見舞いの使者も派遣された結果、その体調は徐々に回復する。七月十四日に吉田兼見が坂本城を見舞いに訪れた際にはこれと面会できるまでになっていた。その後本復《ほんぷく》したのだろう。

しかし、その代わりだろうか、今度は彼の正室が病気に倒れてしまう。妻木氏の娘、煕子《ひろこ》と名が伝わる正室は光秀の病臥中、兼見の吉田神社や雄琴の大中寺(読み方不明。〝だいちゅうじ〟か?)に祈禱《きとう》を依頼し、必死に看病を続けていたが、夫の回復に安堵して気が緩《ゆる》んで疲れが出たのか、一進一退を繰り返したあげく十一月七日にとうとう亡くなってしまった（『西教寺塔頭実成坊過去帳《さいきょうじたっちゅうじつじょうぼう》』。異説あり）。

　在京の妻を看病するために光秀はずっと京に詰めていたという事実が、彼の人間的な一面を感じさせてくれ少し安心する（『兼見卿記』）。

　妻との別離の悲しみを振り切るかのようにこの月、ふたたび丹波に攻め入った光秀は、京から丹波へ通じる籾井《もみい》川沿いの道を扼する籾井城（兵庫県篠山市福住《ふくすみ》）を攻撃するものの、険しい山城は十八日間攻め続けても落ちなかった。

　なお、この年あたりから近江高島郡における磯野員昌の実権は縮小していく傾向にあったという。信澄と、その背後にいる光秀によって、打下の権利が圧迫されていったように、員昌自体の発言権も取り上げられていったのだろう。

　明けて天正五年（一五七七）一月、丹波亀山《かめやま》城（京都府亀岡《かめおか》市）惣堀《そうぼり》の普請。惣堀とは城下町ごと周囲をぐるりと囲む堀のこと。光秀はまず丹波に足がかりとなる拠点を築き、そこから経略をおこなう長期戦略に切り替えた。いまだ続く本願寺との戦いや、三月におこなわれる紀伊国への出陣など、相変わらず各地の戦線に東奔西走する中では、それが最上の選択だった。

五月、東大寺と興福寺の争論を裁く。21ページ③の文中にあるように、足利尊氏から先祖が拝領した領地も今ではその権利も失われてしまった、と光秀が語ったのが、この時のことだ。

秀吉に負けじと軍務に励《はげ》む

八月、柴田勝家の応援のため加賀国に出陣していた秀吉が勝家と衝突し、無断帰国。

信長はこれに激怒し、秀吉は長浜城に蟄居《ちっきょ》謹慎となるが、北陸方面は秀吉の権益を伸ばす余地は無い。彼としては一時的に信長から譴責《けんせき》を受けても、早々に戦線離脱して兵力を温存し、他の機会に手柄を立てて取り返し、改めて中国地方進出を担当する機会を得るに越したことはないと判断したのだろう。

そしてその機会は意外と早くやって来た。十七日、松永久秀・久通父子が天王寺砦を引き払い、大和信貴山城《しぎさんじょう》（奈良県生駒《いこま》郡平群《へぐり》町）に籠もってしまったのだ。

大坂本願寺と大和信貴山、西と東に敵を受けたままでは各地の作戦行動に支障を来《きた》す。武将たちはそれぞれの戦線に貼り付いており、人手も足りなかった。長浜城でフリーの状態にあった秀吉に出動命令が下るのは当然だ。

光秀にも出陣の沙汰があり、十月一日先鋒として細川藤孝・筒井順慶・山城衆を率い信貴山城の支城である片岡《かたおか》城（奈良県北葛城《きたかつらぎ》郡王子《おうじ》町あたり）に攻めかけ、一日でこれを陥落させている。小規模ではあるものの、敵一五〇を討ち取ったのに対し、味方も六〇が戦死するという激しい戦闘だった。

十月十日に信貴山城は信長嫡男信忠《のぶただ》以下の総攻撃で落城。久秀は天守に火をかけて滅んだ。

二十三日、晴れて無断帰国の罪を許された秀吉は、ついに中国地方の経略を任せられて播磨国へと出陣して行く。江戸時代初期成立の軍記物『朝鮮征伐記《ちようせんせいばつき》』では、真偽はさておくが、このとき秀吉は信長に対し、「中国征伐の後は九州を退治し、その後朝鮮を平定し、明《みん》を征伐します」と許可を請《こ》うたと記されている。丹波経略に手間取る光秀としては、歯ぎしりするしかない。

だが、光秀も二十九日に籾井城を攻略。十一月十七日にそれを報せる（宛先抹消）

書状の中で、

「籾井両城乗っ取り候、競《きおい》を以て郡内敵城十一ヶ所落去候、これに依り荒木《あらき》・波多野両城に罷成《まかりなり》候、彼《かの》家中《かちゅう》種々調略これ有る儀に候間、［文字欠け］落去（落城）程有るべからず候」（「隈本《くまもと》三宅《みやけ》家文書」）

と述べている。

籾井城を攻め落とした余勢をかって周辺十一カ所の敵拠点を制圧したので、荒木氏《うじ》綱《つな》の園部城・波多野秀治兄弟の八上城だけが残っている状況となったが、それぞれ調略の手ものばしているので間もなく落城するだろう、という希望的観測だが、秀吉に負けじと軍務に励む光秀は物に憑《つ》かれたようにも見える。

磯野《いその》員昌《かずまさ》逐電《ちくでん》の黒幕は光秀か

天正六年（一五七八）二月三日、椿事《ちんじ》発生。

「磯野《いその》丹波守（員昌《かずまさ》）上意を違背《いはい》申し、御折檻《ごせっかん》なされ、逐電仕《ちくでんつかまつ》り、則《すなわち》、高嶋一向に津田七兵衛信澄仰せ付けられ候なり」（『信長公記』）

磯野員昌が信長の命に背いたとして譴責され、逐電、そのまま行方不明となったという事件だ。高島郡内磯野領の全権はその養嗣子である織田信澄に与えられた。

この後、光秀は娘婿の信澄のために大溝《おおみぞ》城を縄張り（設計）し、員昌の新庄《しんじょう》城に代わる新たな本拠として移転させる。この頃、天正二年に信澄の許嫁《いいなずけ》となっていた光秀の娘が、正式に信澄に輿入れしたともいう。

高島郡の邪魔者がいなくなった後の二十九日、光秀は「鵜川村の開墾については村の境界などすべてについて信長様からの朱印状を頂戴した」と宣言している（「伊藤氏文書」）。打下などとの紛争をこれで一気に解決できるカードを、員昌出奔《しゅっぽん》の直後に手に入れるあたり、まさに光秀の思惑通りと言って良い。この員昌の一件も光秀から信長に何らかの示唆がなされた可能性がある。

三月、細川藤孝・丹羽長秀らの協力を受け、丹波八上城と氷上城《ひかみ》（兵庫県丹波市氷上町）の包囲を完成させ、八上城を攻撃。転じて四月十日、滝川一益・丹羽長秀とともに丹波園部城の荒木氏綱を攻めると、摂津に転進したのち二十九日に滝川一益・筒井順慶らとともに播磨国上月城《こうづき》（兵庫県佐用郡《さよう》）の救援に赴《おもむ》く。まったく激務ぶりには舌を巻くほかない。

しばらくの間播磨国で転戦した光秀は、八月に娘の玉を正式に細川忠興へ輿入れさせ（『綿考輯録』）、九月十四日織田信澄らとともに丹波亀山城に入って小山城《おやま》（京都府南丹市園部町）・高山城《たかやま》（同）・馬堀城《うまほり》（亀岡市）と敵拠点を攻略していく。

やっと腰を据えて丹波平定に取りかかれるかと思ったその矢先。十一月三日、摂津国の荒木村重が本願寺・毛利輝元に内通して寝返った。摂津最大の勢力である村重が支配する有岡城（伊丹城）・尼崎城《あまがさき》（大物城《だいもつ》）・花隈城《はなくま》（神戸市中央区）は、播磨国への通路を扼する要衝であり、放置すれば秀吉軍が孤立して崩壊する危険がある。

村重が叛意を抱いているのではないかと噂が広まっていた十一月一日の段階で、光秀は重大な内容を丹波国衆の小畠永明《おばたながあき》に書き送っている。

近江高島郡の城

光秀の娘婿、織田信澄の居城となった大溝城。
その天守台跡が乙女ヶ池のほとりに残っている

打下城址(山城・190ページ)の遠景。手前は乙女ヶ池

「摂津守（荒木村重）逆心に極まり候はば、彼国《かの》に上様御座所を拵《こしらえ》へ候か、御住国に相定め候」（「小畠文書」）

村重の謀反が本当ならば、信長が摂津国に拠点を構えるか、あるいは本拠地として移転する、というのだ。安土築城開始から三年弱。まだ竣工《しゅんこう》もしていないなか、それを捨てて摂津まで本拠を一気に前進させるというのは、いかに村重の脅威が大きかったかを示している。

文章は、その上で村重討伐に全力を注ぐ、と続く。

だがその後、村重の寄騎である高槻城《たかつき》の高山右近《たかやまうこん》、茨木城《いばらき》の中川清秀《なかがわきよひで》が信長に協力を申し出たことで状況は一挙に変わった。荒木方の城を包囲することで本願寺―毛利の連絡ルートを断ち、村重を立ち枯れさせれば良い。その方針の下で光秀も摂津に進攻し、有岡城を攻め、三田城《さんだ》（兵庫県三田市）に付城を築くなど、対荒木戦に従事するのだった。

土佐《と さ》長宗我部《ちようそ か べ》氏とのつながり

一方で光秀は自分のための活動も怠ってはいない。十二月十六日、土佐の長宗我部《ちようそ か べ》元親《もとちか》が光秀の家臣石谷頼辰《いしがいよりとき》に対し、斎藤利三《さいとうとしみつ》が元親の嫡男弥三郎《やさぶろう》への「信」字拝領の仲介の労をとり、朱印状を下されたことの礼状を送る。

「信御字拝領候、名聞《みようもん》これに過ぎず(これ以上の名誉は無く)、誠にかたじけなき次第」
「阿州の儀、調略油断存ぜず候、御心易《やす》かるべく候」

弥三郎はこれによって「信親《のぶちか》」と名乗ることとなるのだが、従来この信長からの「一字拝領」は天正三年のこととされて来た。しかし二〇一四年に岡山県の林原《はやしばら》美術館と岡山県立博物館が共同で発表した「石谷《いしがい》家文書」の中に含まれたこの書状によって、天正六年の出来事であることが確認された。

石谷頼辰は美濃の斎藤利賢《としかた》の子で、光秀の重臣斎藤利三の実兄にあたる。幕府奉公衆の石谷光政《みつまさ》の養嗣子に入り、幕府に仕えた後は光秀の家臣となっていた。長宗我部元親の正室石谷氏は光政の娘であるから、頼辰にとっては義理の妹である。その縁で光秀は長宗我部氏との外交チャンネルを築いていた。

ちなみに石谷頼辰は光秀の死後、長宗我部氏を頼って土佐に住んだ。秀吉が島津家久と戦った戸次《へつぎ》川の戦い（天正十四年）では豊臣軍に入るが敗退、信親とともに戦死している。

書状に話を戻そう。ここで注目されるのは、やはり「阿波国については油断せず調略をしかけているので、ご安心下さい」という部分だろう。

光秀は元親に阿波の三好勢力を切り崩させ、弱体化したところで軍勢を出し、挟み撃ちにして制圧してしまおうと考えていた。永禄十二年以来の阿波侵攻の構想を、彼は諦めるどころか、土佐をも巻き込んだスケールで実現しようと動いていたのだ。

利三については、天正八年（一五八〇）以前に稲葉良通《いなばよしみち》（一鉄《いってつ》）から光秀に転仕《てんし》したと考えられているが、「無双の英勇」（『美濃国諸家系譜』）と評されるほどの器量もさることながら、この長宗我部人脈をさらに強化する目的もあったのだろう。

八上《やかみ》城の兵糧《ひょうろう》攻め

天正七年（一五七九）二月十八日、光秀は関内蔵助《せきくらのすけ》にこう書き送っている。

「八上の事、付城明《あ》き所無く取り重ね、通路撞《とう》（通路を塞《ふさ》ぎ）相留め候、近日落去たるべく候」（「楠匡央家文書」）

波多野氏の八上城は付城で隙間無く包囲し、城の内外の出入りは完全に遮断したから、近いうちに落城するだろう、という意味だ。

三月、金山《きんざん》城（丹波市と篠山市の境）を築いて八上城と氷上城を分断。これで八上城は援軍の望みも断たれた。

四月四日、丹波国衆の和田弥十郎に宛てた書状ではさらに事態は進展し、

「八上の事、助命退城候様と色を替え様を替え懇望《こんもう》候、はや籠城の輩四・五百人も餓死候、罷り出で候者の顔は青腫《は》れ候て、非人界の躰《てい》候」（「下条文書」）

八上城内では兵糧《ひょうろう》も尽き果て、あれこれ城を明け渡させて欲しいと哀願して来ている。すでに籠城者から四、五〇〇人も餓死者が出ており、城の外に出て来た者の顔は青ぶくれ、とても人間とは思えないありさまだ、というのだ。

秀吉による鳥取城攻め「鳥取の餓え殺《かつ》し（餓死の地獄絵図）」。また遠江国高天神城《たかてんじん》（静岡県掛川市）の飢餓《きが》で衰えきった城兵たちが討って出た挙げ句の凄惨な玉砕《ぎょくさい》。このふたつはよく知られているが、光秀はそれより二年早く、すでに兵糧攻めによる悪夢のような情況を現出させていたことになる。

翌五月五日、氷上城陥落。城主の波多野宗長《むねなが》・宗貞《むねさだ》父子も城と運命をともにした。

だがこれは光秀にとって一概に喜べることではない。というのは、この作戦は秀吉の上申《じょうしん》によって丹波に加勢を送ることを決定した信長が、一月に秀吉の弟秀長《ひでなが》を丹波国へ出陣させ、丹羽長秀とともに氷上城を包囲させた結果だったからだ。

秀吉はなぜライバルの光秀に協力するような真似をしたのだろうか。

氷上城は播磨国三木城の北四〇キロほどに位置し、三木城の別所長治と連携して織田方に抵抗していた。このため、早めに氷上城を落として三木城を孤立させようというのは戦略として合理的ではあるのだが、理由はそれだけではないように思う。

ひとつには自分が担当する播磨攻めで光秀らの援軍を仰いだ失点を光秀にも付けようと考えたこと、ひとつには氷上城を落とすことで西丹波を押さえて但馬方面への光秀の進出ルートを塞ぐこと、このふたつが隠れた狙いとしてあったのではないか。光秀の評価を落とし、別所攻めにも有効な一石二鳥の軍事行動というわけだ。

『総見記《そうけんき》』には、

「今度秀吉に西丹波より一国を攻め取られれば、光秀比興《ひきよう》（取るに足らない）の挙動誠に以《もつ》て多年の軍労徒《いたずら》に成り、万人の嘲《あざけり》を蒙《こうぶ》るのみならず、且《かつう》大臣家御機嫌の程相《あい》計《はかり》がたき」

と記されているが、たしかにそれまでの光秀の働きは取るに足らないものとなり、長年の苦労は無駄となって皆から嘲笑され、右大臣信長の印象も悪くなるだろう。

これは作者の作文ではあるだろうけれども、実際この翌日、光秀は八上城包囲中の部下たちに向けて、

「城中調略の子細《しさい》候間、何時に寄らず、本丸焼け崩るる儀これ有るべく候」

と訓示している。城内に調略をしかけているから、いつとは言えないが、突然本丸から火が出て焼け落ちることがあるだろう（それを合図に攻め込め）、という言葉には、いつ効果を発揮するか分からない調略にすがる光秀の追い詰められた気持ちが込められている。

結局、八上城が陥落し波多野秀治《ひではる》・秀尚《ひでひさ》の兄弟が安土へ押送されていくには、六月一日を待たなければならなかった。

織田家中でも別格の立場となり、傲慢《ごうまん》な態度に

五月十一日、信長が完成した安土城天主に移徙《いし》（御転居）。

その祝い気分も抜けない二十七日、城下では安土宗論《しゅうろん》が起こった。

信長移徙で各地から人が集まるなか、浄土宗と日蓮宗のふとした法論から始まった騒ぎは、信長がみずから乗り出す事態となり、堺からは日蓮宗の名刹妙国寺《みょうこくじ》の日珖《にちこう》が呼び出されるなどの大騒ぎに発展した。

信長は、他宗を排撃し、権力者の命にも従おうとしない日蓮宗をこの機会に屈服させてしまおうと考えたのだ。なにせ、かつて信長は自分を非難した熱烈な日蓮宗信者の公家竹内季治《たけうちすえはる》を殺しているくらいだから、上流階級と日蓮宗との結びつきには異常に警戒心が強い。宗論の結果、日蓮宗は一方的に敗北と決めつけられ、他宗を批判しない事を誓わされ、日珖は監禁されてしまった。

この後、六月も十二日になってようやく解放された日珖は、その日の内に坂本へ行き、城下に一泊したのち京に入っている（『己行記《こぎょうき》』）。

日珖は天正二年（一五七二）以来何度も坂本を訪れ、光秀に音問するなどしている。光秀は日蓮宗の僧朝山日乗《あさやまにちじょう》と組んで京の政務に当たっていたこともあり、また、日珖の兄が堺の豪商油屋常祐《あぶらやじょうゆう》だったために軍資金の手配や物資の調達を通じて交流を深めたこともあったのだろう。

しかし、いくら旧知の間柄とはいえ、日珖はまだ赦免されていない罪人である。彼ら日蓮宗の罪は、後日に金二〇〇枚を献上させられるなどで何とか不問に付されるのだが、この段階で罪人を城下に迎えるなど、信長の顔に泥を塗る行為と言ってもよい。

そこに光秀の驕《おご》りはなかっただろうか。

七月十九日、丹波国宇津城陥落。宇津頼重は逃亡し、ここにようやく押領されていた山国庄が朝廷の御料所として戻ってくることとなった。『御湯殿上日記』に「山国の事に、明智所へ、馬鎧《うまよろい》と懸《か》け袋《ぶくろ》二十遣《わ》はす」とあるように、かつて朝廷から押領違乱《いらん》を責められた光秀は晴れて恩賞を賜ったのだ。

八月九日、丹波国黒井《くろい》城（丹波市）陥落、赤井忠家《ただいえ》（前年に死去した赤井直正の甥）を追い落とす。この頃かと思われる佐竹宗実の書状では主君光秀を「殿様」と呼んでおり、織田重臣団では珍しい形となっている。光秀は織田家中でも別格の存在となりつつあったのかもしれない。

九月四日、秀吉は備前美作《みまさか》の大名宇喜多直家《うきたなおいえ》を寝返らせたことを信長に報告し、本領安堵の朱印状下賜《かし》を願ったが、逆に大叱責を受け、播磨国に追い返される。直家調略について信長の許可を得ていなかったことが原因で、秀吉は大きく評価を下げたことになる。

対する光秀は、二十二日に丹波国国領城《こくりょう》（丹波市）を攻略。二十五日には滝川一益とともに大和一国の指出検地《さしだし》（申告による検地）実施にあたる。

この頃の光秀について、かつて歴史学者の高柳光寿《たかやなぎみつとし》氏は南山城・丹波・近江坂本・大和を管掌《かんしょう》する「近畿管領《かんれい》」と呼んだが、まさにその通り、近畿は光秀が君臨するエリアとなりつつあった。

十月二十四日、光秀は安土城に伺候《しこう》し、信長に丹波・丹後の平定を報告。

この年と思われる十二月二十六日付けの佐竹宗実（明智秀慶《ひでよし》）による吉田兼見宛て書状では、

「□（御か？）用の子細候て、□日坂本へ罷□（上か？）候へハ《えば》、上様（信長）へ□（為か?)与力向州被□(仰か?)達、二十八日より安□(土)罷《まか》り越し、越年致し候」
(「『兼見卿記』自元亀元年至四年記紙背文書、金子拓・遠藤珠紀」)

と記されている。職務のため坂本へ参上したところ、信長に与力のため安土へ行って越年した、というのだ。

どうも安土へ赴いたのが光秀・宗実の両名なのか、宗実単独なのか分かりづらいが、「与力」(寄騎)・「寄親」というのは君臣関係ではなく職務上の上司・部下に過ぎない。光秀にはこの頃信長に対する臣従の意識が薄れ、その権威に対抗するまでになっていたのではないか。その驕りが、家臣にも「与力」などという言葉を使わせてしまったとも考えられる。

またこの十一月頃、前述のように光秀は荒木村重の有岡城に交渉役を派遣し、「惟任日向守むこ(婿)」(『立入隆佐記』)の荒木村次から娘の倫子を離別させ、倫子を無事引き渡させたあとで城の守将荒木久左《きゅうざ》衛門《えもん》を生かして退去させている。

天正八年(一五八〇)閏三月十三日、『兼見卿記』に坂本城修築の記事が収められて

いるが、それを見ると、

「今日より惟任日向守坂本の普請云々、丹州《たんしゆう》人数に罷り下るの由申し訖《おわんぬ》」

と書かれている。ここにある「丹州」とは、丹波・丹後の国の衆のことではなかろう。丹波や丹後から近江坂本へ移動するのならば、下るのではなく上るとするはずだ。それに、細川藤孝については兼見卿記は「長岡」と記すから、丹後を領する予定の細川藤孝という意味でもないだろう。

ということは、この丹州は細川丹波守、つまり丹波守護細川右京大夫《うきようのだいぶ》信良《のぶよし》（昭元《あきもと》）なのではないか。

細川信良は室町幕府の管領を出す家柄で、信長の妹お犬《いぬ》の方《かた》を妻とした。信長から丹波国桑田郡・船井郡の支配を許され、名目上丹波の旗頭《はたがしら》の地位を委ねられていた人物だが、この場合、光秀の城普請の手伝いをさせられるほど下風《かふう》に立っていたことになる。信長の命令によるものかもしれないが、この名門の出の義弟さえも光秀のお手伝いをさせられる事態が生じていたのだ。

対毛利《もうり》戦略で、秀吉に先を越される

一方、播磨国では秀吉が天正八年（一五八〇）一月十七日、ようやく三木城を開城降伏させている。四月には大坂本願寺の顕如が織田方と講和し、ついに畿内の反対勢力はことごとく沈静化した。

また、光秀には丹波国が、細川藤孝には丹後国が与えられたのもこの月で、光秀は達成感に包まれながら信長の命で備中国に赴き、秀吉の支援に当たった。

そんななか、秀吉は弟秀長に兵を授け、但馬平定を命じている。丹波国を獲得した光秀が西方へ出る口を塞ぐとともに、生野《いくの》銀山の利権を握らせないためだと思われる。

もちろん、光秀も負けてはいない。四国ルートの西進策が軌道に乗ろうとしているなか、彼は朝山日乗を使者として毛利方の外交僧安国寺恵瓊《あんこくじえけい》に送り込んだのだ。

日乗から趣意を聞いた恵瓊は、

「いずれも宇喜多表裏者《ひょうりもの》にて候間、せめてこの方（毛利方）を和談に調《ととのえ》へられ度《た》しと相聞候《あいきこえ》、第一日本に当家一味候へ者《えば》、太平に成り行く事に候」（「厳島文書」）

と毛利側に報告している。

宇喜多直家は信用できない表裏者だから、それよりも毛利氏と講和したいとのことで、毛利氏が味方してくれれば日本は平和になる、と光秀が申し入れて来ている、という意味だ。

山本浩樹《やまもとひろき》氏はこれを「信長自身は対毛利戦争の継続に積極的ではなく、対毛利主戦派の秀吉・直家を交渉から除外する形で和平に持ち込もうと模索していた」と説明している（「織田・毛利戦争の地域的展開と政治動向」『日本中世の西国社会① 西国の権力と戦乱』所収）。

何も光秀が独断専行で突っ走ったものではなく、同時期に信長自身も丹羽長秀・武井夕庵を窓口として毛利氏と直接交渉し、

①毛利は宇喜多との戦いに専念することに賛成する、
②信長の娘を吉川元春の息子にめあわせる、
③義昭は「西国の公方」とする、

の三条件を提示しているし、近衛前久・勧修寺《かじゆうじ》晴豊《はれとよ》・庭田重保《にわたしげやす》・松井友閑・村井貞勝から口羽《くちば》通良《みちよし》経由でも接触を図っている（藤田達夫「織田停戦令と派閥抗争」『史料で読む戦国史 明智光秀』所収）。

秀吉の「宇喜多重視・毛利排撃路線」と真っ向対立する光秀。それが信長の指示によるものか、逆に光秀が信長を説得したものかは不明だが、毛利氏を温存すれば秀吉は九州への進攻ルートを失うのは間違いない。

それを考えれば、光秀が働きかけた可能性は十分にあるだろう。

七月、荒木村重が花隈城から落ち延び、毛利氏の元へ亡命。同じく、顕如の退去後も大坂本願寺に籠もっていた子の教如《きようによ》が退去。

八月十五日、信長は突然重臣の佐久間信盛・信栄父子を追放する。その折檻状の中で、光秀は「丹後国日向守働き、天下の面目をほどこし候」と激賞された。次点として秀吉、次に池田恒興《いけだつねおき》、柴田勝家と続いていく。

まさに栄誉の絶頂。

秀吉とのライバル関係も優勢となり、四国方面の仕込みも順調、俗書ながら『校合《きようごう》雑記』はこの時期の光秀について、

「（丹波を与えられてからは）その時代京童下《きようわらべ》〱まで、かりそめの事（言）草にも、明智が者可物がちが（〃可物がちが〃は原文ママ）をふるといひたる程の権威なり」と、その権勢・権威が京の若者の口ずさみになるほど並ぶ者が無くなった様子を収めている。

天正九年（一五八一）二月二十八日、信長一世一代の晴れ舞台「京都大馬揃《うまぞろえ》」を奉行したのも光秀だった（『兼見卿記』、『立入隆佐記』）。正親町天皇以下臨席による華やかな一大軍事パレードは大成功のうちに終わった。

だがその頃、秀吉の猛烈な巻き返しが始まっていた。六月には因幡《いなば》・伯耆国境（鳥

取県）に進出、先回りして光秀西進の芽を摘《つ》む挙に出ていた秀吉は、十一月からしきりに「来年、信長様が中国方面に親征される」とし、「西国表御出馬」、「御動座」という言葉をしきりに書状で使い始める。

しかも、天正九年二月十三日には部下の亀井茲矩《かめいこれのり》に対し、

「御出馬御急ぎ成られ候に付《つき》て、此方御座所《このほうござしょ》の普請、日夜油断無く申し付け候」

とまで書き送っている。

信長の親征のためにその本陣となる御座所まで造ろうというのだ。敵に対する攪乱《かくらん》戦術だとしても、真に迫りすぎている感じを受ける。

どうもこの頃までに、光秀の対毛利講和路線は力を失い、ふたたび秀吉の対毛利強硬路線が息を吹き返したのではないだろうか。

あるいは、毛利氏の保護下にある将軍義昭が講和に猛反対し、毛利氏内部の意見統一ができなかったのかもしれない。

五月二十八日には光秀みずからも伯耆の福屋彦太郎《ふくやひこたろう》(隆兼《たかかね》もしくは隆兼の子)に対し、毛利・小早川と対陣する秀吉の加勢として伯耆に出陣することを報せ、協力を求めている。

「この度の義(儀)は、先至彼面相勤《まずかのおもてにいたりてあいつとむる》之旨上意に候」(「福屋金吾旧記文書」『阿波国古文書』三)

(今回の件は、まず中国方面へ出動するとの信長の命令が下った)

信長は秀吉の対毛利強硬路線を最終採用したのだ。

妹の死で風向きが変わる

秀吉に家内政治で敗れた光秀。

京都大馬揃の成功から一年もせず、やがて満月が欠けていくように、彼の絶頂の時代は終わりを告げようとしていた。

八月七日または八日、光秀の妹・御《み》ツマ木《き》（御妻木）死去。25ページに挙げた『多聞院日記』八月二十一日条の一文を見てみよう。

「去七日・八日の比《ころ》歟《か》、惟任ノ妹ノ御ツマキ死了《しにおわんぬ》、信長一段ノキヨシ也、向州《こうしゅう》比《ひ》類《るい》無《な》く力《ちから》落《おとし》也」

文中「キヨシ」は「気好し」で信長の格別のお気に入りだったと解釈する説があるが、『日本国語大辞典』によると同時代の人は、気のいいこと、また、その人、お人よし、という意味で用いており、やや不自然だ。「ギョシ」（御旨）で信長から丁寧な慰《なぐさ》めの言葉がかけられたとする解釈もある。このほかに「キョジ」（凶事）の可能性もあるだろう。この場合、縁起の悪いできごと、悪い予感を抱かせるできごと、という意味となる。

実はこの御ツマ木、信長の奥向きを任せられた高級女房衆（女官）であったらしい。天正五年（一五七七）五月、光秀が大和国の東大寺と興福寺の相論を裁いた際には興福寺の一乗院尊勢《そんせい》の御乳人《おちのひと》の言い分を信長に取り次いでいるし、翌年六月十日に信長が安土から上洛した際も同行し、京で吉田兼見から音問を受けている。

このとき、表方の側近である猪子兵介高就《いのこひょうすけたかなり》も同席して音問を受けており、信長の側室などがそういう場に出るとはあまり想像もできないから、やはり猪子と御マツ木はそれぞれ表方と裏方の代表的な存在だったのだろう。

「きよし」が「気好し」でも「凶事」でも、信長お気に入りの女官であったことには変わりない。

信長の側近にあって光秀の立場を代弁し、光秀の有利なように持っていったであろう御ツマ木の死は、光秀にとって肉親を失うこと以上の、あまりにも重大な政治的損失だった。あるいは、この御ツマ木がそれ以前から病床に伏せ、信長への影響力を失っていたことが、対毛利政策の再転換につながったとも考えられる。

八月十三日、毛利軍が秀吉に攻められている鳥取城を救援するため出陣するとの報に接し、信長は親征を宣言。光秀にも出陣命令が下った。

ここで彼に与えられた任務は、細川藤孝とともに海上からの兵糧補給だった（『信長公記』）。つまり後陣《こうじん》だ。幸いというべきか毛利軍の後詰《ごづめ》は実際には無く、信長の親征も避けられた。

だが、この月と思われる二十二日付けの佐竹宗実宛て書状で光秀は、

「因州《いんしゅう》表不日《ふじつ》（すぐに）出陣たるべく候」（『兼見卿記』紙背文書）

と述べている。因幡方面への出陣命令がすぐに下るだろう、という言葉の中に、もはや止められない動きを感じる光秀の苦悩が感じられる。

九月三日、第二次伊賀《いが》攻め。この合戦に従軍した織田信澄は、十月にかけてのいつ頃かに大和国拝領を信長に願い上げ、却下されている。

「旧冬織田七兵衛（信澄）殿、当国申し請《う》けたき由直訴され、たって申し入らるの所、上様より大和は神国《かみのくに》にて往代《おうだい》より子細在《あ》り。その国人存知《こくじんぞんじ》の事なり。無用の訴訟の旨、御気色《みけしき》候なり」（『蓮成院記録《れんじょういんきろく》』天正十年一月六日条）

信澄の強い希望に対し、信長は大和国は神国で、大昔から何かと事情が難しいところで、地元の国人衆がそれを踏まえて治めているのだから、おまえが無用な願い事はするな、と機嫌を悪くしたという。

信澄を介して大和国をコントロール下に置き、「近畿管領」としての権勢をふたたび取り戻そうとした光秀の野望も、ここに潰《つい》えた。これとても、御ツマ木が生きていたならばどうなっていただろうか。

四国への道を完全に閉ざされ、命運《めいうん》尽きたか

十一月十七日（あるいは十八日）、秀吉は池田元助《もとすけ》（恒興の子）とともに淡路へ出陣し、洲本《すもと》城等を降伏させ、二十一日姫路《ひめじ》へ凱旋する。

そして淡路志知《しち》城（南あわじ市）城主だった野口長宗《のぐちながむね》を阿波に移して三好氏に協力させ、阿波進出のルートを確保し、光秀と長宗我部の連絡ルートに対抗している。

八方ふさがりとなりつつあるなか、光秀は十二月四日に「定　家中法度《はっと》」を取り決

めた。

「御宿老衆・御馬廻衆、途中に於《お》いて挨拶の儀、見かけてよりその所の一方へ、片付き、慇懃《いんぎん》に畏《かしこ》まりて通し申すべき事」

「坂本・丹波往覆（復）の輩、上は紫野《むらさきの》（京都市）より白河《しらかわ》（宇治郡）通り、下はしる谷（汁谷、愛宕郡）・大津越たるべし、京都用所に於いては、人を遣は《わ》し相調ふ《あいととのう》べき事、付きたり、自身在京なくて叶は《わ》ざる子細等候は《わ》ば、その理《ことわり》案内に及ぶべき事」

「用所等申し付け召し使ふ《う》輩に於いては、洛中馬上停止事」

「洛中洛外、遊興見物停止の事」

「道路に於いて他家の衆と卒爾《そつじ》（軽はずみ）の口論、太以曲事也《はなはだもってくせごとなり》、（もし諍《いさか》いがあれば）理非に立ち入らず（理由のあるなしのいかんにかかわらず）成敗を加ふ《う》べし、但し時に至て了簡《りょうけん》に及ばざる仕合《しあわせ》にをい《お》ては、その場で一命相果《あいは》つべき事」

「右意趣は、御座所分に対しすこぶる程近きに依り、自余混ぜず思惟せしめ訖《おわんぬ》、万一不慮出来《ふりょいでき》たらば、更《さら》にその悔い有るべからず、所詮《しょせん》面々若党・下人已下《いげ》、猶《なお》以て堅く申し付くべし」（「萬代《まんだい》家文書」）

信長重臣への対応、京を避けて通れ、京中で万一他家衆と諍いを起こせば、その場で自害せよ、と保護責任を放棄している。

逆に言えば、明智家中は他家衆に対し、それまで傲慢な態度をとっていたこともあるのだろう。信長周辺との関係が微妙になっていくなか、以前のままの調子でいて万一不測の事態があれば大変だ、という危機感が現われている。なにしろもう御ツマ木はいないのだ。

天正十年（一五八二）、運命の年である。

一月頃、光秀の重臣斎藤利三は兄の石谷頼辰を土佐に派遣し、長宗我部元親の元にいる頼辰の養父石谷光政に対し、「信長の朱印状（土佐と阿波南半分の領有を認めるという内容）を受け入れることが元親のお為である」と申し入れさせている。

四年前に信長が元親に許した「四国切取次第」を前年の後半に取り消し、土佐一国と阿波国の南半分のみの領有を許すとしていたのだ。光秀はその履行を元親に勧めたのである。もはや状況が自分の力の及ばないところに行ってしまっているのを、彼はよく分かっていた。

ところが、長宗我部氏側ではこの頃、別の動きが進行している。

二月二十三日、将軍義昭側近の真木島昭光《まきしまあきみつ》から石谷光政に宛てられた書状がある。

「土・予（土佐と伊予《いよ》）和談の儀、芸州《げいしゅう》（広島）より申し入れられ候。それにつき元親へ御内書《ごないしょ》成され候。此《こ》の節《せつ》早速御入眼《じゅげん》を遂げられ（講和の合意をされ）、御帰洛の儀、御馳走候様に御才覚肝要候」（「石谷家文書」）

この書状、『石谷家文書』（吉川弘文館）は天正十一年のものとするが、『史料で読む戦国史③ 明智光秀』（八木書店）は同十年とする。筆者も後者に同意する。

書状の内容は、土佐長宗我部家と、伊予（愛媛県）に勢力を伸ばしている小早川隆景《こばやかわたかかげ》（毛利家）との講和を毛利側から申し入れさせるから、早急に講和締結の上、将軍が京に戻れるように働け、という内容だ。

使者を務めたのはこれも幕臣の小林家孝《こばやしいえたか》。荒木村重を信長から叛かせた人物である。真木島昭光・小林家孝からのアプローチはこのあとも続く。

長宗我部元親が毛利輝元と結んでも、阿波を秀吉によって塞がれてしまいつつある現状では、光秀にとっては平和的に運んでも戦争に訴えても、九州へ進出する望みは断たれてしまった。

しかも、五月七日には信長が三男信孝《のぶたか》を長宗我部元親討伐・四国平定の「四国方面軍」の司令官とし、補佐役として丹羽長秀と織田信澄を付けると発表する。もはや光秀は中国地方にも四国にも口出しできる一切の権利を失ったのだ。

そのうえ、三月におこなわれた武田勝頼征伐（光秀も従軍したが、戦功はない）で駿河《するが》国（静岡県東部）を頂戴した御礼として安土に上って来た徳川家康の饗応《きょうおう》役を五月十四日に命じられたものの、十七日には備中《びっちゅう》高松《たかまつ》城（岡山市北区）を水攻め中の秀吉から毛利軍の後詰が迫るとの報が入る。

信長は光秀の饗応役を解き、娘婿の細川忠興・池田恒興・高山右近・中川清秀らとともに信長親征の先陣として出陣準備をするよう命令を下した。

二十一日、長宗我部元親は斎藤利三に対し、

「阿波国南部で占拠した城は明け渡す。ただし、海部《かいふ》（徳島県海部郡）と大西《おおにし》（三好市池田町）の両城は土佐国境に近いため、なんとか引き続き領有させて欲しい」

とする書状を発した。書状の末尾は「心底の通り粗々かくの如く候、御斗《はからい》に過ぎず候」で終わっている。

正直な心のままをざっとしたためたが、お察しいただけることを祈るばかりだ、といった意味だろうか。これが光秀の手元に届いていればまたその後の成り行きも変わったかもしれないが、届くことはなかったのだ。

七章　野望、潰《つい》える

愛宕百韻《あたごひゃくいん》に込められた真意

天正十年（一五八二）五月十七日のうちに坂本城へ戻った光秀は、二十六日丹波国亀山城に向かう。二十八日には参籠《さんろう》していた愛宕山威徳院西坊《いとくいんにしのぼう》で戦勝祈願の連歌会を開いた。有名な「愛宕百韻《あたごひゃくいん》」である。

よく知られている連歌だが、ここで分析を試みておこう。まず基本的に連歌は過去の歌を参考にして詠まれるものであり、駄洒落《だじゃれ》的な要素も含まれる。

まず第一句は光秀の作。

「ときは今　雨が下なる　五月哉」

これを、今こそ土岐氏（とき）である光秀が天下（雨の下）を治める五月だ、と解釈する説が昔から説かれているが、これはおかしい。光秀が信長を討つのは六月になってからなのだから。土岐氏である光秀自身は、今、天下様（信長）の下にいると自己分析したのだろう。

　これに対し、里村紹巴が第三句で、

「花落つる　池の流れを　せきとめて」

と返したのは、土岐一族の代表的な紋である桔梗紋（花）を指して、光秀が信長を討とうという暴挙を止めようとした、という解釈もまた有名だが、これも一句の意味が違うのだから考え直さなければならない。

　花は光秀ではなく、花の御所、つまり足利将軍家、義昭を指す。

　元亀四年（一五七三）、義昭が信長に敵対した際の京童の落書《らくしょ》に「かぞいろと　やしなひ立てし　甲斐もなく　いたくも花を　雨のうつ音」とあるが、これも足利を花と称している。当時は「足利将軍家＝花の御所」という連想が生きていたのだ。ここでも「雨＝天＝天下様の信長」が将軍を討つ、雨が打つ、と意味を重ねている。

　これを見れば、紹巴は信長様の家臣である光秀殿は、義昭が落ちていった先の毛利家を討ちに行かれるのですね、という意味を詠んだことがわかる。「両川」と呼ばれる吉川・小早川家が前線に立つため、その水の流れをせき止める、という比喩を用いたのだろう。

つまり、従来問題となっていたこの部分は至って常識的な内容を詠んでいるに過ぎない。

だがこのあと、光秀は信長への不満、不平を徐々に表わしていく。

それは第三十三句だ。


「葛《くず》の葉の　みだるる露や　玉ならん」


『閑吟集《かんぎんしゅう》』に「憂《う》き人は　葛の葉の恨み　ながら恋しや」とある。

葛の葉が広く、風でひるがえって裏を見せる（裏見）から、恨みに通じる。光秀の恨みとは何か。実はこの時代の「恨み」とは幽霊の類いを連想するような受け身のものではなく、怨恨よりも不平、不満という方が近い。これは、自分の「毛利温存・四国経由九州進出構想」が否定され、毛利との決戦に及び、四国は信孝に与えようという信長に対する強烈な不満の現われと捉えられる。
続いて第六十九句、

「旅なるを　けふ（今日）はあすはの　神もしれ」

あすはの神は、阿須波の神。『続群書類従　和歌部・連歌部』にも、

「今更に　いもかへさめや　いちしるき　あすはの神に　小柴《こしば》さす共」

という源俊頼《みなもとのとしより》『散木奇歌集《さんぼくきかしゅう》』の歌が収められている。愛しい人（いも）を返すだろうか、いや返しはしない（かへさめや）、それは明らかである（いちしるき）、という意だが、光秀はみずからの句にそれを借りて「あすはの神もしれ（知れ）」とした。
つまり、自身が温め続けた構想が二度と日の目を見ないのは明らか、ということだろう。

こうして歌を詠みながら自分の気持ちを再確認していった光秀は、野望を貫くためには信長を討つしかない、と決意を固める。

その後、愛宕山を下った光秀は亀山城から軍勢を西ではなく、東の京に向け、六月二日払暁《ふつぎょう》（明け方）に本能寺《ほんのうじ》を襲った。信長はわずかな供廻《ともまわり》を連れていただけで、あっという間に自害に追い込まれてしまった。妙覚寺《みょうかくじ》に宿泊していた嫡男信忠も状況は同じで、誠仁《さねひと》親王の二条御所に移ってひとしきり防戦したあと、父と同じように自害して果てることとなる。

初手《しょて》のつまづき、三日の空白

こうしてクーデターを成功させた光秀は、直後近江国勢多《せた》城（大津市瀬田）の山岡景《やまおかかげ》隆《たか》・景友《かげとも》兄弟に使者を派遣して服従を呼びかけた。

彼らの領内にある勢多の唐橋は京から北陸街道（北陸方面）・東山道《とうさんどう》（美濃方面）へ通じ、大軍を円滑に移動させて安土・長浜から美濃、北陸と各地を制圧するための戦略的要地だった。

景隆は光秀の親友で、その妹を光秀長男の光慶に嫁がせる約束までしていたという（『武徳《ぶとく》編年集成』）が、兄弟は光秀の要請を拒否して勢多の唐橋を焼き落とし、勢多城までも自焼して甲賀の山中《やまなか》城（甲賀市土山町）へ退去してしまった。

景隆はともかく景友は筋金入りの光秀嫌いであり、この後、山岡氏は西の羽柴秀吉に情報を逐次《ちくじ》連絡することになる。

光秀が将軍義昭擁立を標榜《ひょうぼう》して本能寺の変を起こしたという説があるが、そうであれば、山岡兄弟が協力しないはずはない。もし後で光秀の心中を知ったとしても、そのあと秀吉に情報を知らせ続けることはなかっただろう。

まず第一に、堺を遊覧していた徳川家康に本国三河への脱出を許してしまったこと。山岡氏は家康の伊賀越えを支援し、宇治で迎えて伊勢へ脱出させた（『武徳編年集成』）とも、勢多から信楽《しがらき》まで警護した（『近江国輿地《よち》志略《しりやく》』）ともいう。甲賀衆を率いる山岡氏の助力が無ければ、家康が無事に脱出できたかどうかは怪しい。

第二に、山岡氏による勢多の唐橋の破壊（宣教師フロイスは「切断された」としている）によって修復の時間が必要となり、安土城の制圧が三日遅れたこと。この三日の遅れは、光秀にとって致命的なものとなった。かつて将軍義昭が景友を上山城守護として以来の光秀と景友との不協和音が、ここに至って形となったのだ。

さらに美濃の野口《のぐち》城（岐阜県大垣市）の西尾光教《にしおみつのり》が光秀の呼びかけを拒否し、岐阜城も留守居の斎藤利堯《さいとうとしたか》が中立を守っていく。一刻も早く安土城を制し、天下人が交代したことを世間に認めさせなければならない。

六月四日、大和の筒井順慶が光秀への加勢の兵を出陣させた。しかし翌五日にはこの筒井勢が山城から引き揚げられ、木津《きづ》から光秀に協力せんとして出陣した木津衆もこれとともに引き揚げるらしい、
それは順慶が信長の三男で大坂にいる信孝と提携したためではないかという噂が流れる一方で、順慶と光秀との関係は強固で筒井勢は近江に進むとも言われた（『多聞院日記』）。光秀の組下《くみした》大名として長く上下関係にあった順慶にして、その動向はこのようにあやふやなものとなっていた。

丹後では三日に本能寺の変の報を受けたこれも光秀組下大名の細川藤孝・忠興父子がただちに髻《もとどり》を切り、光秀への加勢に動かず静観を決め込んでいることが、順慶を

慎重にさせ、それが周囲の憶測を生んで情報の混乱を呼ぶという流れが良く分かる。
五日、光秀はようやく勢多橋を渡って安土城に入った（『兼見卿記』）。
丹羽長秀の佐和山城、秀吉の長浜城も制圧され、佐和山城に入ったのは山崎片家《やまざきかたいえ》（『多聞院日記』）とも荒木氏綱（『武徳編年集成』）ともいい、長浜城は斎藤利三のあと、秀吉に恨みを持つ阿閉貞征が入っている。

　このほか、若狭（武田元明《たけだもとあき》）、紀伊（高野山《こうやさん》、根来《ねごろ》、雑賀《さいが》の一部）、丹後北部（一色義定《いっしきよしさだ》）、美濃の一部（岐阜城の北西、北方芝原《きたがたしばはら》の安藤守就《あんどうもりなり》）、さらに四国の長宗我部元親は光秀方ではあるが、丹後宮津《みやづ》城の細川氏、甲賀山中城の山岡氏、近江日野《ひの》城の蒲生《がもう》氏、摂津の池田恒興・織田信孝・丹羽長秀らの存在が中央と彼ら光秀与党の連絡を分断しており、有機的に動くことは難しい。

　初手のつまづきと三日の空白によって、光秀は初動で出遅れた。この空気を一新するためには、朝廷からの使者を迎えて大義名分を獲得することが最優先だ。

　七日、朝廷からの指示を受けた吉田兼見が京を発ち、安土へ到着。しかし、この段階で秀吉は備中高松から姫路城までの反転を完了しており（六日もしくは七日）、その情報は上方にももたらされている。

秀吉東上の噂が伝わるにつれ、態度が不鮮明だった筒井順慶は河内への出陣を急遽《きゅうきょ》延期して郡山城《こおりやまじょう》（奈良県大和郡山市）に兵糧を補充すると同時に、翌十日にかけて、光秀への加勢として派遣していた兵員をすべて引き揚げてしまう。奈良の町では秀吉が近日上洛する見込みとなったため、順慶は方針変更したのだという推測が流れた（『多聞院日記』）。

天王山《てんのうざん》を戦場に選ばなかった光秀の思惑《おもわく》

初動で安土城占拠が三日遅れ、朝廷の公認という大義名分の入手もそれに連動して七日の実現となったことが、ここに来て勢いの差となっていた。

京で寺社に金を配り、町の税を免除して人気取りをおこなった光秀は、一方で朝廷に対し「京頭の儀、かたく申し付け」たと報告している（『天正十年夏記《なつのき》』）。「京頭の儀」の「頭」が初頭、冒頭などの用例と同様ならば洛外（京の町の入り口）を意味し、街頭と同じ用例ならば京の町中、洛中を指す。

前者であれば京の町を防衛するという宣言なのだが、彼がこの日に下鳥羽《しもとば》（京都市伏見区）へと出陣し、最終的にはその西で羽柴軍との決戦に臨むことになるのを考えると、「洛外における決戦準備をしっかりと命じた」という宣言に他ならない（下鳥羽は洛外に属する）。光秀はこのとき洛外での秀吉との対決を見据え、決戦場を山崎《やまざき》ではなくその北方と想定していたのだ。

従来、山崎の戦いは西国街道の隘路《あいろ》を扼する天王山《てんのうざん》をめぐる奪い合いから戦闘が始まり、天王山を制された光秀が主導権を奪われ敗北したとされてきた。

その考え方は近年否定され、天王山での戦闘そのものが実際に発生したかは確認できないとして「天下分け目の天王山」という言葉も死語となった観がある。

だが、それではなぜ光秀が山崎・天王山を戦場に選ばなかったのか、という疑問が起こるのは当然だろう。今までそれに答える説は、管見《かんけん》の限り存在しない。それはこの後で明らかにしていこう。この日、丹後では中立姿勢を保っていた細川父子が光秀からの勧誘を拒否した。

六月十日、光秀は下鳥羽から兵を進めて河内に入った（『兼見卿記』）。

洞ヶ峠《ほらがとうげ》（京都府八幡《やわた》市と大阪府枚方《ひらかた》市の境）に布陣し、筒井順慶に圧力をかけて参戦を促したのである。

「昨日向州（光秀）より使に藤田伝五《ふじたでんご》、順慶へ来る。同心無きの通り返し事切れて、昨夜木津まで帰りて又呼び返しおわんぬ」（『多聞院日記』）

九日の段階で順慶は光秀への服従を拒否する姿勢に転じていたが、その夜、使者の藤田伝五が木津まで戻ったところを呼び返すなど、光秀の脅威を避けるべく態度を二転三転させて時間を稼ごうというのだ。

だが、この日に秀吉が摂津の中川清秀宛てに「昨日明石《あかし》に着陣した」、「明智は摂津か河内へ軍勢を動かすらしいが、哀れにもそう動いてくれれば急行して討ち取ってやる」、「明日兵庫・西宮《にしのみや》あたりまで進出する」と書き送ると、翌十一日には奈良には「秀吉近日上洛」との噂がしきりに流れ（『蓮成院記録』）、順慶も秀吉に協力の誓紙《せいし》を送った（『多聞院日記』）。

光秀の世論誘導は実を結ばず、多数派工作は完全に失敗に終わったのである。この段階では光秀の作戦目標は接近しつつある羽柴軍への対応に切り替わっていた。九日の段階で「明日西国へ出陣」と光秀が触れ回ったという聞き書きが残されている（『義残後覚《ぎざんこうかく》』、文禄五年成立）。彼は完全に当面の敵を秀吉に絞ったのだ。

十一日、筒井順慶の合流をあきらめた光秀は、本陣の下鳥羽に戻って、淀《よど》古城の改修工事をおこなう。敵が桂川を北上して明智方の前線拠点である勝竜寺《しょうりゅうじ》城を回避し、京へ入ろうとするのを予防するためだった。

光秀はさらに山崎とその南の八幡から兵を引き揚げる。

戦術的な面から見れば、大山崎《おおやまざき》の町とその西の天王山の高み、小泉川《こいずみ》（当時は円明寺《えんみょうじ》川と呼ばれた）南岸一帯に軍勢を展開させ、細い縦隊となって山崎の隘路を抜けて来る羽柴軍を迎撃すれば、兵数上の不利はカバーできるはずだ。だが、彼はそれをせず、逆に兵を北に引き揚げてしまった。

なぜ一歩引いた場所に本陣を構えたか

二〇一一年八月、長岡京市にある恵解山《いげのやま》古墳で光秀の本陣跡とされる遺構が発掘された。南北二十六メートルにわたって、幅四〜五メートル、深さ二メートルの直線状の堀跡が見つかったのだ。

その全長はさらに北側でおこなわれた試掘調査によって断片的に発見された堀跡と合わせると四十九メートルに及び、終戦直後に撮影された航空写真から地形を観察すると実に四〇〇メートルの長さを有していたと推計されるという。東西の長さも二〇〇メートル程度と、本陣としては適当と思われる規模を確保できていたらしい。

堀が掘られた当時は掻き上げの土塁がセットとして造られたはずで、南の小泉川を天然の堀とし、防衛する長大な堀と土塁が出現したのだ。

大正時代作製の大日本帝国陸地測量部の周辺地図を見ると、東の小畑《おばた》川から水濠が本陣跡に向かって延びている。現代の地形でもこの水濠は確認でき、さらに本陣跡の南にもその延長と思われる水路が残っていることが分かるのだ。これは後世に農業用水路として使われたものだろうが、あるいは当時この土地には小泉川と小畑川を結ぶ形の水濠が存在していたか、光秀が掘らせた可能性は十分に考えられる。

むしろ、そういう地理的条件が有ったからこそ、彼は本陣の場所をここに決めたのだろう。決戦直前、東西一キロに及ぶ水濠と土塁が、光秀本陣の南に横たわっていたことになる。これと小泉川を一体化させれば、三キロほどにもわたる長大な陣地となった。

光秀はおそらく京で「京頭の儀、かたく申し付け」る九日にはこの工事を開始させていたと思われる。

従来、光秀の本陣は大山崎町の下植野《しもうえの》にある植野古墳群（御坊塚《ごぼうつか》）に置かれたと言われていた。天王山の西麓で、山崎の隘路の出口にあたる。天王山で雌雄を決するのであれば、まさにここが本陣にふさわしい場所だったろう。

だが光秀は東の勝竜寺城でもなく、御坊塚からも一歩退いた地に本陣を構えた。なぜなのだろうか。

それは、彼が籠城戦ではなく野外決戦を選んだからに他ならない。天正三年（一五七五）、信長が設楽原に連吾川を前にする形で空堀と土塁を備える南北二キロの長大な陣城を造り、鉄砲の集中的運用で武田軍を撃破した。長篠の戦いである。

それを立案した光秀は、自分の作戦が高い効果を生む様子を終始目撃していたわけだ。背後の鳶ヶ巣《とびがす》砦を迂回奇襲によって奪われ、退路を断たれた武田軍は、眼前の織田・徳川連合軍へ突撃を敢行した結果、多くの重臣たちを喪《うしな》い、当面軍事行動が不能になるほどの損害を受けて潰走《かいそう》した。

光秀はそれを小泉川で再現しようと考えたのである。「大筒の妙術あり」（『綿考輯録』）と讃えられた光秀にとって、長篠の戦いの結果はまさに「我が意を得たり」というものであり、その証として信長からの感状も得た。

小泉川北方の地に大規模な防衛ラインを築き一万六〇〇〇の全兵力で待ち受け、羽柴軍を引き寄せて得意の銃撃戦で大打撃を与えることができれば、半分近くは池田・中川・高山・信孝・丹羽らの寄せ集め部隊で構成されている羽柴軍四万は統制を失い、各自勝手に敗走を始めるだろう。

そのとき背後の山崎の隘路が行く手を塞ぐ。淀城からも兵を出撃させて羽柴軍の背後に回らせれば、隘路の効果はさらに高まって羽柴軍は袋のネズミとなる。

天下分け目の戦い

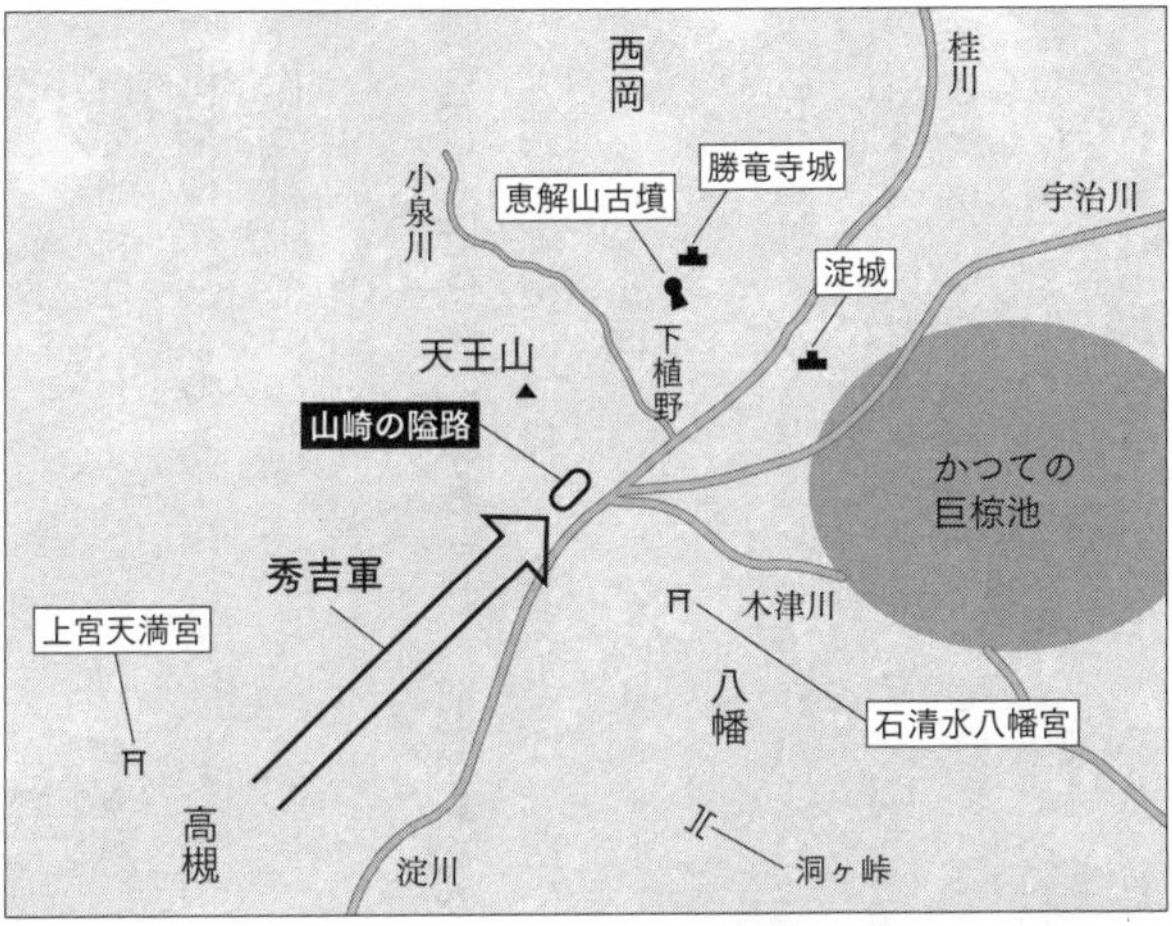

勝竜寺城、外濠跡の土塁

光秀が陣を張った恵解山古墳。周囲を住宅に囲まれ、丘上からの眺望は開けていない

そして総大将の秀吉を捕捉し、討ち取ることができれば、摂津・河内から西国筋にかけて光秀に敵対する大勢力は完全に消滅するのだ。これこそが、「空白の三日間」で世論操作と多数派工作に失敗した光秀が窮地を挽回するために考え抜いた大がかりな作戦計画であった。

秀吉はなぜ決戦の日を一日、前倒したか

秀吉を確実に抹殺しておかねば、西に脅威を残したままで北の柴田勝家や東の徳川家康との二正面、あるいは三正面の戦いを余儀なくされてしまい、戦略的にも非常に不利となる。

これは対する秀吉にとっても同様で、彼が十日に「摂津・河内に光秀が進出してくれればありがたい」と発言したのは、これも明智軍を引き込んで叩き、山崎の隘路でフタをして光秀の脱出を防いで確実にその首をとり、勝家、家康、信雄らにその功を奪われないようにしたいという願望を含んでいた。

光秀を討った者が次の天下での発言力を確保できる。秀吉の狙いはそこにあった。

十二日、秀吉の先鋒隊が大坂に入る。

この部隊は、決戦当日の十三日になると勝竜寺方面まで進出した。天王山あたりで明智軍の抵抗を受けたという記録は、無い。

「我々、天神馬場《てんじんばば》に陣取り候。明日は西岡《にしのおか》（向日市《むこう》）へ進発すべく候」と羽柴軍に合流した織田信孝は、この日に筒井順慶に書き送り、「お前も上山城口へ出陣せよ」と指示している（『古文書雑纂』）。

そしてその後に続く文章は重要な意味を持つ。

「何篇明日はその方人数、この方軍勢□□□□この砌《みぎり》に候」

何はともあれ明日は、筒井勢とこちらの軍勢が（明智軍を撃破する）絶好の日となるだろう、というわけだが、ここで引っかかるのが、信孝が決戦を「明日」としている点だ。

実際の山崎の戦いはまさにこの十三日におこなわれているので、あるいは信孝が日にちを書き間違えたかとも思われるのだが、ためしに他を確認してみると、秀吉もこの日に順慶に宛てて書状を発していた。

「筒井勢は川切りの放火をおこなえ」というのは、大和から河内を経て山城に入り、宇治川・桂川の東側で焼き討ちをおこなって明智軍の側面を脅《おびや》かし、必要があれば攻撃に参加せよ、と指示しているのだが、問題は「信孝様は今日、川を越えて高槻に着陣され、明日は西岡方面に進出される予定である」と記している点である。

信孝が大坂から淀川を越えて高槻に着陣したというのは、高槻の天神馬場に合流したことを指す。信孝は秀吉に主導権を握られるのを嫌って行動を鈍らせていたというが、信孝・丹羽の七〇〇〇が参加しなければ数の上でも羽柴軍の優位は低下し、同時に信長の弔い合戦にその息子の信孝が不在ということになれば秀吉の大義名分も色あせてしまう。

必死の説得の結果、ようやく信孝が秀吉本陣のある天神馬場に来会したのだ。天神馬場は上宮《じょうぐう》天満宮がある天神山《てんじんやま》の麓の参道で、天神山はかつて信長が永禄十一年（一五六八）の上洛戦の際に陣を置いた場所でもある。西国街道を扼し、大山崎とその北を見下ろすことができる絶好の立地だった。この陣に信孝を迎えることができた秀吉は、勝利を確信したことだろう。

それにしても信孝同様に秀吉も「信孝様は明日、西岡方面へ進まれる」としているのは、どういう事だろうか。

西岡は現在の向日市、恵解山古墳や勝竜寺の北隣である。広い意味で、明智軍との決戦予定地としてこの土地の名を用いていると考えられ、信孝・秀吉の両者はともに明智軍との決戦の日を十四日に想定していたということになる。だが、実際には当日の夕方に決戦はおこなわれた。

その理由としては、まず敵の諜報を逆用し、虚偽の決戦予定日を告知し、噂を広めておいたうえで一日早め、敵の虚《きょ》を衝《つ》くという情報戦が考えられるだろう。

そしてもうひとつ。これがキーポイントなのだが、前後の天候が影響を与えたふしがあるのだ。『兼見卿記』、『多聞院日記』、『家忠《いえただ》日記』の天候に関する記述をまとめると、以下のようになる。

六月三日　雨、
六月六日　雨、
六月八日　大雨、
六月九日　雨、
六月十一日　大雨。

六月十二日は兼見が在所《ざいしょ》の構《かまえ》の南外堀普請をしているので晴れか。摂津の兵も山崎まで足軽に出、勝竜寺の西の在所に放火しているので、降雨は無かったか、小雨だったと推定。

六月十三日　雨、
六月十四日　日中まで大雨、
六月十五日　晴れ。

奈良では「稀代《きたい》の雨」とされるほどの降雨が連日続いていた。

しかし、十三日の段階で、天候が回復に向かっていくという予測を、羽柴軍の軍配者（気象観測で戦機を図る者）は観天望気《かんてんぼうき》によって見立てたはずである。

光秀が鉄砲戦を得意とすることを知り尽くしている秀吉としては、何がなんでも雨が降って射撃不能の状態であるうちに攻勢をかける必要があった。そのために、前記の順慶宛て書状の発信着後に急遽作戦日程を一日前倒ししたのである。

午後、中川隊・高山隊を先鋒として攻勢をかけた羽柴軍に対し、明智軍は斎藤利三・阿閉貞征が反撃をおこない、後備《あとぞな》えの各部隊も東西から迂回して秀吉本陣を狙う動きを示したが、いずれも長くは続かなかった。

雨天により鉄砲が無力化してしまった光秀の陣城はその威力を十分に発揮できず、正面防衛に多数の歩兵が必要となったために側面防御が薄くなる。秀吉は多人数を利用し、桂川から別働隊を迂回させるなど、有機的に動いて明智軍を圧倒していった。

夜に入った段階で勝敗は決し、明智軍は「一万ばかり討ち死に」したという（『天正日記』）。光秀は勝竜寺城に逃げ込み、夜中に本拠の近江坂本城へ移ろうとした途中で土民に捕捉されて殺された。

もし仮に空白の三日が無ければ、光秀は多数派工作にも成功し、この決戦も違う形になっていたかもしれない。

それでも得意の鉄砲が使えない中で数時間に及び、二倍以上の羽柴軍相手に善戦したのは、彼の作戦計画の優秀さを証明していると言えるだろう。いずれにしても、光秀は戦国武将らしい野望を滾《たぎ》らせ、そして散ったのである。

切りとり線

★読者のみなさまにお願い

この本をお読みになって、どんな感想をお持ちでしょうか。祥伝社のホームページから書評をお送りいただけたら、ありがたく存じます。今後の企画の参考にさせていただきます。また、次ページの原稿用紙を切り取り、左記まで郵送していただいても結構です。

お寄せいただいた書評は、ご了解のうえ新聞・雑誌などを通じて紹介させていただくこともあります。採用の場合は、特製図書カードを差しあげます。

なお、ご記入いただいたお名前、ご住所、ご連絡先等は、書評紹介の事前了解、謝礼のお届け以外の目的で利用することはありません。また、それらの情報を6カ月を越えて保管することもありません。

〒101－8701（お手紙は郵便番号だけで届きます）
祥伝社新書編集部
電話03（3265）2310
祥伝社ホームページ　http://www.shodensha.co.jp/bookreview/

★本書の購入動機（新聞名か雑誌名、あるいは○をつけてください）

＿＿＿＿新聞の広告を見て	＿＿＿＿誌の広告を見て	＿＿＿＿新聞の書評を見て	＿＿＿＿誌の書評を見て	書店で見かけて	知人のすすめで

★100字書評……明智光秀　残虐と謀略

名前

住所

年齢

職業

橋場日月　はしば・あきら

1962年、大阪府生まれ。歴史作家。関西大学経済学部卒。会社員時代を経て独立。独自の視点で史料を渉猟し、新解釈を導き出す個性的な語り口を身上とする。「歴史群像」「歴史街道」「歴史人」など歴史雑誌に寄稿。雑誌「ウェッジ」に「戦国武将のマネー術」を連載中。著書に、『地形で読み解く「真田三代」最強の秘密』（朝日新書）、『ビジュアルワイド図解 日本史』（西東社）などがある。

明智光秀《あけちみつひで》 残虐《ざんぎやく》と謀略《ぼうりやく》
――一級史料《いつきゆうしりよう》で読《よ》み解《と》く

橋場日月《はしばあきら》

2018年9月10日　初版第1刷発行

発行者……………辻 浩明
発行所……………祥伝社《しょうでんしゃ》
〒101-8701　東京都千代田区神田神保町3-3
電話　03(3265)2081(販売部)
電話　03(3265)2310(編集部)
電話　03(3265)3622(業務部)
ホームページ　http://www.shodensha.co.jp/

装丁者……………盛川和洋
印刷所……………堀内印刷
製本所……………ナショナル製本

Printed in Japan　ISBN978-4-396-11546-3　C0221

〈祥伝社新書〉
中世・近世史

054
山本勘助とは何者か
信玄に重用された理由
軍師か、忍《しの》びか、名もなき一兵卒か。架空説を排し、その実像を明らかにする
作家 江宮隆之

501
天下人の父・織田信秀
信長は何を学び、受け継いだのか
信長は天才ではない、多くは父の模倣《もほう》だった。謎の戦国武将にはじめて迫る
戦国史研究家 谷口克広

442
織田信長の外交
外交にこそ、信長の特徴がある！　信長が恐れた、ふたりの人物とは？
谷口克広

232
戦国の古戦場を歩く
古地図、現代地図とともに戦闘の推移を解説。30の激戦地がよみがえる！
作家 井沢元彦 監修

543
国民が知らない上皇の日本史
上皇ぬきで天皇制の議論はできない。二〇〇年ぶりの上皇誕生はチャンスだ！
憲政史家 倉山 満